Dôgen Zenji

Hôkyôki

\+

Sanshôdôei

\+

Shôbôgenzô Zuimonki

Angkor Verlag

Hôkyôki. Sanshôdôei. Shôbôgenzô Zuimonki./Dôgen, Eihei (Kigen). Deutsch von Taro Yamada, Guido Keller, Hidesama Iwamoto. – Frankfurt: Angkor Verlag, 2020.

Lektorat (außer Zuimonki): Susanne König

Coverabbildung: Lidia Kubrak/shutterstock.com (hinten: Dôgen von Sotozen-Net)

Website des Verlages: www.angkor-verlag.de

Printed in Germany

ISBN: 978-3-943839-82-1 (Paperback) 978-3-943839-83-8 (Ebook)

Inhalt

Dôgen Zenjis (1200-1253) erstes Werk war das *Hôkyôki*, in dem er Gespräche mit seinem chinesischen Lehrer Tiantong Rujing (1162-1228, jap. Tendô Nyojô) aus den Jahren 1225-1227 aufzeichnete. Ihm schreibt er auch den bekannten Ausdruck des „Abfallens von Körper und Geist“ (jap. *shinjin datsuraku*) zu. Das *Hôkyôki* wurde postum entdeckt und erst im 18. Jh. publiziert. Einige Buddhologen haben seine Verlässlichkeit in Frage gestellt.

Beim *Shôbôgenzô Zuimonki* handelt es sich um die auszugsweise Übersetzung von Hidesama Iwamoto (Tokio 1943), die wir hier bis auf einen kleinen Teil reprinten und in der Rechtschreibung angepasst haben.[1] Dieses Werk enthält informelle Reden Dôgens aus den Jahren 1236-1239, die von seinem Schüler Koun Ejô niedergeschrieben und später wohl noch von anderen bearbeitet wurden. Es gilt als leicht verständlich, weil Dôgen darin konkrete Beispiele gibt und weniger Wortspiele und Metaphern wie in seinen anderen Werken verwendet. Verhandelte Themen sind u. a. Unbeständigkeit, klösterliche Praxis, zielloses Zazen und gewollte Armut. Vom *Shôbôgenzô Zuimonki* existieren unterschiedliche Versionen, die 1770 von Menzan Zuiho veröffentlichte gilt als die populärste (jap. *rufu-bon*). 1942 entdeckte Dôshû Ôkubo die so genannte *Chôenji-bon*-Ausgabe in der Präfektur Aichi, die 1963 in modernem Japanisch publiziert wurde.

Zum *Sanshôdôei*, der kleinen Gedichtsammlung Dôgens, gibt es eine separate Einleitung. Es wurde bereits als Kindle-Ebook veröffentlicht.

Literatur

Takashi James Kodera: *Dogen's Formative Years in China.* London 1980.

Kazuaki Tanahashi (Hg.): *Enlightenment Unfolds. The Essential Teachings of Zen Master Dôgen.* San Francisco 1999.

Norman Waddell: "Dôgen's Hôkyô-ki", in: *The Eastern Buddhist*, 1977, 10/2, S. 102-139; 1978, 11/1, S. 66-84.

Carl Bielefeldt: "Recarving the Dragon: History and Dogma in the Study of Dôgen." In: W. LaFleur (Hg.): *Dôgen Studies*, S. 21-53. Honolulu 1985.

---

[1] Beim Einscannen sind Probleme mit dem Layout entstanden, deren Ursache nicht zu klären war, weshalb nicht alle Seiten auf gleicher Höhe mit dem Text beginnen.

HÔKYÔKI

1

Dôgen entwickelte den Erleuchtungsgeist (jap. *bodaishin*) während seiner Kindheit. In seiner Heimatstadt folgte er unter verschiedenen Lehrern dem Weg (chin. *dao*)[2] und erlangte Verständnis von Ursache und Wirkung. Doch hatte er noch nicht das wahre Ziel von Buddha, Dharma und Sangha erkannt. Er stagnierte ziellos im Reich von Namen und Form. Später ging er ins Kloster von Meister Yôsai und hörte die Lehre der Rinzai-Schule. In Begleitung von Meister Myôzen fuhr er dann nach China. Er segelte viele Meilen und vertraute seine flüchtige Existenz den tobenden Wellen an, ehe er schließlich das China der Sung-Zeit erreichte. Im Kloster von Rujing[3] wurde er aufgenommen. Dies war ein Segen, den er sich in einer vorherigen Inkarnation verdient hatte. Rujing war voller Mitempfinden und Sympathie. Obwohl Dôgen zur Unzeit kam und formell unkorrekt gekleidet war, wollte dieser niedere Mann aus einem fernen fremden Land nichts lieber, als das Quartier des Abts so häufig wie möglich aufzusuchen und ihm Fragen zu stellen, wie verwegen diese auch sein mochten.

Rujing sagte: „Die unbeständige Welt vergeht schnell. Geburt und Tod sind wichtige Angelegenheiten. Die Zeit wartet auf niemanden. Wenn du dich vom Heiligen entfernst, wirst du das sicher bereuen.“ Der authentische Lehrer, Abt, herausragende Mönch und Großmeister Rujing hegte großes Mitempfinden und Sympathie. Er bemitleidete Dôgen und hörte ihm zu, als er den Weg und den Dharma suchte. Als sich Dôgen verbeugte und demütig um Unterweisung bat, strahlte ihm Rujings Mitempfinden entgegen. Da warf sich der Schüler Dôgen einhundert Mal nieder.

---

[2] Dôgen verstand *dao* und *bodhi* (Erleuchtung) als synonym (siehe Kap. „Hotsu bodaishin“ im *Shôbôgenzô*).

[3] Wir haben uns für die Umschrift Rujing entschieden, die verbreiteter als Ju-ching zu sein scheint.

„Dôgen, du musst von nun an Unterweisung suchen, ob bei Tag oder Nacht, ob ins formale Mönchsgewand gekleidet oder nicht. Komm ohne Vorbehalte ins Zimmer des Abtes, um den Weg zu untersuchen. Ich werde dir stets deinen Mangel an Form vergeben, so wie es ein Vater täte.“

Aufgezeichnet von einer gewissen Person [Dôgen] im T’ai-pai[4]-Gebirge.

2

Am zweiten Tag des siebten Monats im ersten Jahr von Pao-ch’ing suchte Dôgen das Abtsquartier auf. Dôgen fragte: „Es heißt in allen Ecken der Welt, die Übertragung geschehe außerhalb der Schriften; dies sei die große Bedeutung des Kommens von Bodhidharma aus Indien. Was bedeutet das?“

Rujing antwortete: „Warum sollte sich der große Weg der Buddhas und Patriarchen mit innerhalb oder außerhalb abgeben? Es heißt, Übertragung geschehe außerhalb der Schriften, weil neben dem, was Kâshyapa und andere übertrugen, der Erste Patriarch aus Indien nach China kam und freundlicherweise den Weg übermittelte und die Übung (der Meditation) vermachte. Darum sagt man, die Übertragung sei außerhalb der Schriften. Die Welt kann keine zwei Buddha-Dharma haben. Bevor der Erste Patriarch in China ankam, waren die Chinesen mit weltlichen Alltagsdingen beschäftigt, und es gab noch keinen Meister. Das Volk der Chinesen empfing den ersten Patriarchen, als wäre er ihr König. Ja, vom Augenblick seiner Ankunft an unterstanden ihm die Schätze und Menschen dieses Landes.“

---

[4] Anderer Name für T’ien-t’ung.

3

Dôgen fragte: „Nun behaupten Äbte der Vergangenheit und Gegenwart überall auf der Welt: ‚Was gehört und doch nicht gehört, gesehen und doch nicht gesehen wird, was unmittelbar und ohne jede Erwägung ist, das ist der Weg der Buddhas und Patriarchen.' Auf dieser Grundlage erheben die Meister ihre Fäuste oder den Fliegenwedel, schreien laut oder erteilen Stockschläge. Es kümmert sie nicht, ihren Schülern die Bedeutung von all diesem zu erklären. Sie erlauben ihnen auch nicht, zu hinterfragen, wie die Buddhas Menschen vollständig umwandeln, oder wie man günstige Vergeltung in einer folgenden Inkarnation vorwegnehmen kann. Folgen diese Meister dem Weg der Buddhas und Patriarchen?"

Rujing erwiderte: „Falls sie behaupteten, es gäbe keine nächste Inkarnation, würden sie tatsächlich eine nihilistische Irrlehre verbreiten. Die Buddhas und Patriarchen begründeten zum Wohle der Menschen eine Lehre ohne solche Irrtümer. Gäbe es keine nächste Fleischwerdung, dann auch keine gegenwärtige. Doch die gegenwärtige Inkarnation besteht bereits, wie könnte es also keine folgende geben? Ich bin schon lange ein Sohn Buddhas. Wie könnte man mich mit einem Ketzer gleichsetzen? Die Buddhas und Patriarchen lehrten Schüler, dass es überhaupt keinen zweiten Gedanken geben solle, als geschicktes Hilfsmittel. Es ist ja nicht so, dass ein Schüler nichts erlangen könne. Wenn es nichts zu erlangen gäbe, könnte der Schüler keine Unterweisung von einem guten Lehrer suchen und es würden keine Buddhas in der Welt auftauchen. Wichtig ist nur, unmittelbar zu begreifen, dann wird alles verstanden. Ohne Glauben, Praxis und Erleuchtung gibt es weder Verständnis noch Erwachen.

Ist das nicht auch der Grund, warum man sich auf dem Nördlichen Kontinent[5] nicht zu Buddha bekehrt?"

4

Dôgen sagte: „Gute Lehrer sagen heute wie schon früher: ‚Wie ein Fisch, der Wasser trinkt, weiß, ob es kalt oder warm ist, so erlangt ein Mensch mit Selbsterkenntnis das Erwachen. Diese Selbsterkenntnis ist die Verwirklichung des Erleuchtungsgeistes.'" Dôgen kritisierte diese Auffassung mit folgender Frage: „Wenn diese Selbsterkenntnis authentisches Erwachen bedeutet, haben dann alle fühlenden Wesen Selbsterkenntnis und können somit als authentisch erwachte Tathâgata[6] angesehen werden? Einige behaupten: ‚Ja, alle fühlenden Wesen sind vom anfanglosen Anfang an Tathâgata.' Andere sagen: ‚Nicht alle fühlenden Wesen sind notwendigerweise Tathâgata.' Warum ist das so? Wenn nur die, die wissen, dass sie von Natur aus erwacht sind, Tathâgata sind, dann würden diejenigen, die nicht wissen, dass sie von Natur aus erwacht sind, keine Tathâgata sein. Stimmt eine solche Vorstellung mit dem Buddha-Dharma überein?"

Rujing erwiderte: „Zu behaupten, dass fühlende Wesen ursprünglich Buddhas seien, ist das Gleiche wie an die Irrlehre spontanen Entstehens[7] zu glauben. Wir können das nicht hinnehmen, wenn jemand ‚ich' und ‚mein' mit den Buddhas vergleicht, Unerwachte für erwacht und Unerfahrene für erfahren hält."

---

[5] Buddhistischer Kosmologie nach die nördliche Region Uttarakuru um den Berg Sumeru, wo die Menschen dem Genuss frönen und nicht dem Dharma folgen.
[6] „Der So Gekommene", Beiname Buddhas.
[7] Das Gegenteil von einer der zentralen buddhistischen Lehren des „Entstehens in (gegenseitiger) Abhängigkeit" *(pratîtyasamutpâda)*.

5

Dôgen fragte: „Wenn ein Schüler den Weg praktiziert,[8] soll er dafür eine bestimmte geistige und körperliche Haltung erlernen?"

Rujing antwortete: „Als der Erste Patriarch aus Indien kam, gelangte der Buddha-Dharma nach China. Wie kann es für den Buddha-Dharma keinen Körper und Geist geben? Wenn du den Entschluss fasst, Erleuchtung durch Sitzmeditation zu suchen, dann gelten folgende Regeln: Du darfst nicht an einer fortwährenden Krankheit leiden; du darfst keine weiten Reisen machen; du darfst dich nicht in übermäßigen Rezitationen ergehen; du darfst dich nicht von Argumenten fortreißen lassen; du darfst dich nicht überanstrengen; du darfst keines der fünf bitteren Gewürze[9] essen; du darfst kein Fleisch essen; du darfst Milch, Honig und Honigwein nicht übermäßig verzehren; du darfst keinen Wein trinken; du darfst keine unreine Nahrung zu dir nehmen; du darfst keinen Tanz- und Musikaufführungen beiwohnen; du darfst keine Tanzmädchen ansehen; du darfst keine entstellten Körper ansehen; du darfst entwürdigten Tätigkeiten wie sinnlichen Vergnügen zwischen Mann und Frau keine Aufmerksamkeit schenken; du musst dich freundlich mit Herrschern und Beamten stellen; du darfst keine rohen, unreifen Dinge verschlingen; du darfst keine verschmutzte Kleidung tragen; du darfst kein Schlachthaus aufsuchen; du darfst keinen verdorbenen Wildtee oder kalte Medizin zu dir nehmen, wie sie es im T'ien-t'ai-Gebirge machen; du darfst keine Maulbeerfrucht[10] essen; du darfst Angelegenheiten von Gier keine Beachtung schenken; du darfst nicht mit Eunuchen,

[8] Chin. *kung-fu* (jap. *kufû*, bei Dôgen auch: *kufû zazen*) meint eigentlich handwerkliche Arbeit, steht hier aber für die Sitzmeditation (chin. *tso-ch'an*, jap. *zazen*), in der Linchi-Tradition für die Arbeit am Kôan (chin. *kung-an*) oder die Meditation bei einem Meister (chin. *ts'an-chan*, jap. *sanzen*).

[9] Zum Beispiel Knoblauch und Zwiebeln.

[10] Eine alternative Lesart lautet: Pilze. Wie auch immer, der Übersetzer dieser Zeilen weiß die Heilwirkung sowohl von Pilzen als auch von Tee aus Maulbeerbaum-Blättern zu schätzen.

Hermaphroditen usw. vertraut werden; du darfst keine getrockneten Früchte essen; du darfst keine Longan, Litschi oder Oliven essen; du darfst nicht zu viel Zucker essen; du darfst keine dicke, wattierte Baumwollkleidung tragen, sondern nur einfache; du darfst nicht mit der Armee essen; du darfst keinem übermäßigen Krach beiwohnen und keine Schweine- und Schafsherden aufsuchen; du darfst keine großen Fische, den Ozean, schlechte Bilder, Bucklige usw. sehen wollen; betrachte stets grüne Berge und Wasser in einer tiefen Schlucht.

Erleuchte den Geist mittels der alten Lehren und lies die Sutren, die die vollständige Bedeutung enthalten.

Ihr Mönche in Lumpenroben, die ihr in Meditation sitzt, um dem Weg zu folgen, solltet stet gewaschene Füße haben. Sind euer Körper und Geist irritiert, dann rezitiert unerschütterlich das Vorwort zu den Bodhisattva-Geboten[11]."

Dôgen fragte: „Was sind die Bodhisattva-Gebote?"

Rujing antwortete: „Sie stehen im Vorwort zu den Geboten, die Lung-ch'an rezitiert. Tue dich nicht mit gemeinen, verabscheuenswerten Menschen zusammen."

Dôgen fragte: „Wen haltet Ihr für gemein?"

Rujing antwortete: „Ich halte diejenigen für gemein, die übermäßig gierig sind. Halte dir keine jungen Tiger oder Elefanten, keine Schweine, Hunde, Katzen, Füchse und dergleichen. In vielen Tempeln haben Äbte und andere nun Haustiere, doch davon kann ich nur abraten. Wer außer Unerleuchteten tut so etwas? Die so genann-

---

11 Auf welche sich Rujing hier bezieht, bleibt unklar, da es mehrere unterschiedliche Sutren mit Bodhisattva-Geboten gibt. In einigen Kapiteln des *Shôbôgenzô* (z. B. „Jukai") spricht Dôgen von 16 Gelübden, von denen zehn besonders bedeutend seien.

ten sechzehn üblen Gewohnheiten[12] sind Gebräuche, derer sich die Buddhas und Patriarchen enthielten. Halte dich zurück und verfalle keinen lasterhaften Gewohnheiten!"

6

Dôgen sagte: „Das *Shou-leng-yen ching (Shûrangama Sutra)* und *Yüan-chüeh ching*[13] wurden von Laien-Männern und -Frauen gelesen und als die Lehre der Patriarchen betrachtet, die aus Indien übertragen wurde. Wenn ich diese Sutren studiere und ihren Ursprung hinterfrage, halte ich sie für verschieden von anderen Mahâyâna-Sutren. Ich habe den Grund noch nicht verstanden. Gibt es denn neben den Textstellen in den beiden Sutren, die anderen Sutren unterlegen sind, auch solche, die ihnen überlegen sind? Manche Ansichten in ihnen sind in der Tat identisch mit denen der sechs Irrlehrer. Wie kann man also ihren Ursprung bestimmen?"

Rujing antwortete: „Viele haben von Anfang an den indischen Ursprung des *Shou-leng-yen ching* angezweifelt. Sie halten das Sutra für einen Text, der erst nach Bodhidharma entstand. Der Erste Patriarch hat dieses Sutra nie gesehen. Heutzutage lesen und verehren es die Unwissenden. Dasselbe gilt fürs *Yüan-chüeh ching*. Vergleicht man die Besonderheiten dieser Texte, ähneln sie sich sehr."

---

[12] Dies sind laut dem *Mahâparinirvâna-sûtra*: 1) Lämmer großziehen, um sie zu verkaufen; 2) Lämmer kaufen, um sie zu töten und mit Gewinn zu verkaufen; 3) + 4) dasselbe für Schweine; 5) + 6) dasselbe für Kühe; 7) + 8) dasselbe für Hühner; 9) Fischen; 10) Jagen; 11) Stehlen; 12) mit einem Stock gehen; 13) Vögel mit einem Netz fangen; 14) doppelzüngig reden; 15) als Gefängniswärter arbeiten; 16) Fluchen.

[13] Aus dieser Schrift stammen die Sätze: „Gelübde, Meditation, Weisheit, sinnliche Leidenschaft, Wut und Unwissenheit sind alle edle Taten … Alle Befleckungen sind letztlich die Befreiung." Das Vimalakîrti-Sutra erläutert dazu, nur für einen Menschen ohne jede Arroganz seien die fünf Begierden der Weg der Patriarchen.

7

Dôgen fragte: „Es gibt Befleckungen[14], Karma, Vergeltung (d. h. ungünstige Inkarnationen) und andere Hindernisse – haben das die Buddhas gesagt?"

Rujing antwortete: „Theorien anderer Lehrer wie Nâgârjuna müssen erhalten und geschätzt werden, sie können nicht als Irrlehren gelten. Was die Hindernisse des Karma angeht, so werden diese Fesseln sich verwandeln, wenn du dich sorgfältiger Übung hingibst."

8

Dôgen fragte: „Müssen wir stets achtsam auf den Zusammenhang von Ursache und Wirkung sein?"

Rujing erwiderte: „Leugne das Gesetz von Ursache und Wirkung nicht. Was gäbe es dafür einen Grund? Yung-chia sagte: ‚Der Nihilismus verneint das Gesetz der Kausalität und lädt so endloses Unheil ein.' Wer die Verneinung der Kausalität aufrecht erhält, zerstört die Wurzeln des Guten im Buddha-Dharma. Wie könnte so einer ein Nachfolger der Buddhas und Patriarchen sein?"

9

Dôgen fragte: „Warum tragen die Äbte heutzutage langes Haar und lange Nägel? Sie sehen zu weltlich aus, um Bettelmönche genannt zu werden, aber auch zu kahlköpfig, um als weltliche Menschen durchzugehen. In der Periode des authentischen und des ähnlichen

---

[14] Skt. *klesha:* Verlangen *(râga)*, Wut *(krodha)*, Unwissenheit *(moha)*, Stolz *(mâna)*, Zweifel *(vicikitsâ)* und üble Ansichten *(kudrshti)*.

Dharma[15] waren Buddhas, Patriarchen und ihre Schüler nie so. Wie kommt das also?"

Rujing antwortete: „Sie sind in der Tat wie wilde Tiere. Sie sind tote Körper inmitten des reinen Ozeans des Buddha-Dharma."

10

Einmal merkte Rujing an: „Auch wenn du ein junger Mann bist, hast du die Manieren der Alten. Du musst dir sogleich eine Bleibe im schroffen Gebirge und in dunklen Tälern schaffen und dort lange Zeit den heiligen Embryo der Buddhas und Patriarchen nähren. So wirst du gewiss die Erfahrung der altehrwürdigen Tugendhaften machen."

Da erhob sich Dôgen und warf sich vor Rujing nieder. Dieser rezitierte: „Die Natur des Anbetenden und des Angebeteten sind gleichermaßen leer[16], dazwischen ist die spirituelle Übereinstimmung und Umsetzung des Weges, die sich intellektuellem Verständnis entzieht."

Danach legte Rujing ausgiebig die Alltagshandlungen der Buddhas und Patriarchen aus Indien und China dar. Dôgen war tief bewegt, und Tränen benetzten seine Ärmel.

---

[15] In der „authentischen" Phase soll es, auch wenn der Buddha nicht mehr lebt, möglich sein, Erleuchtung zu erfahren, in der „ähnlichen" hingegen nicht. Die Dauer und Anzahl dieser Phasen unterscheidet sich in den Sutren.

[16] Dieser Vers soll von Jikaku Daishi (793-864) aus der Tendai-Schule stammen.

11

Rujing lehrte in der Ta-kuang-ming-tsang-Halle: „Während ihr euch in einem Kloster aufhaltet und mit anderen Mönchen praktiziert, soll der Gürtel eurer Unterrobe und eure Unterwäsche fest am Körper sitzen. Dann wird es euch möglich sein, ausgedehnte Übungen durchzuhalten."

12

Wenn Mönche sich in der Meditationshalle versammeln, ist am wichtigsten, dass sie langsam gehen. Es gibt zu viele Äbte auf dieser Welt, die nicht davon wissen. Der langsame Gang (chin. *huan-pu/chin-hsing*, jap. *kinhin*) besteht aus einem Atemzug pro Schritt. Mach einen Schritt, ohne auf deine Füße zu schauen, ohne dich vorzubeugen oder aufzusehen. Von der Seite betrachtet hätte es den Anschein, als stündest du auf einer Stelle, da du weder deine Schultern noch deinen Brustkorb bewegen darfst.

Rujing ging in der Ta-kuang-ming-tsang-Halle mehrmals von Ost nach West, um Dôgen dies zu demonstrieren. Dann sagte er: „Heutzutage bin ich der einzige, der um die Bedeutung dieser langsamen Gehmeditation weiß. Wenn du andere Äbte irgendwo auf der Welt befragst, wirst du feststellen, dass sie ihnen noch nicht bekannt ist."

13

Dôgen fragte: „Was ist die Natur des Buddha-Dharma – ist sie gut, böse oder neutral?"

Rujing erwiderte: „Der Buddha-Dharma überschreitet all diese Zuschreibungen.“

14

Dôgen fragte: „Wenn der große Weg aller Buddhas und Patriarchen nicht auf eine kleine Ecke beschränkt werden kann, warum bestehen wir dann darauf, von der Ch’an-Schule zu sprechen?“

Rujing antwortete: „Wir dürfen den großen Weg der Buddhas und Patriarchen nicht willkürlich die Ch’an-Schule nennen. Das ist eine falsche und bedauerliche Bezeichnung. Es ist der Name, den kahlköpfige kleine Biester benutzt haben. Alle altehrwürdigen Tugendhaften wissen dies. Hast du je das *Shih-men lin-chien lu*[17] gelesen?“

Dôgen verneinte dies.

Rujing sagte: „Wenn du es ein Mal durchliest, wird das genügen. Der Inhalt dieses Buches ist richtig. Seine Hauptaussage lautet, dass der Weltgeehrte allein an Mahâkâshyapa den Großen Dharma übertrug und dieser dann über achtundzwanzig indische Generationen weitergegeben wurde. Nach den fünf chinesischen Patriarchen gelangte er zu Ts’ao-ch’i. Heute ist Rujing die vollständige Schatzkammer des Buddha-Dharma, und keiner in den unbegrenzten Chiliokosmen (d. h. Galaxien) kommt ihm gleich. Wer die verschiedenen Traditionen aufgrund einer gewissen Anzahl von Schriften aufrecht erhält, gehört zu der gleichen Familie von Buddhas und Patriarchen, doch gibt es zwischen den Mitgliedern Unterschiede: Einige sind authentisch, andere ketzerisch, einige sind nah und andere fern.“

---

17 Eine Schrift von Chüeh-fan Hui-hung (1071-1128).

15

Dôgen fragte: „Wenn die Mönche bereits zur Familie der Buddhas und Patriarchen gehören, können sie den Erleuchtungsgeist entwickeln und einen wahrhaftigen und guten Lehrer aufsuchen. Warum geben sie zahlreiche Lehrjahre auf, um sich ganz den Klöstern der Buddhas und Patriarchen anzuvertrauen und bei Tag und Nacht dem Weg zu folgen?“

Rujing antwortete: „Sowohl in Indien wie in China lassen sie die Studien, die sie in vielen Jahren angesammelt haben, hinter sich und schreiten von dort voran. Ihre Situation gleicht der eines Mannes, der am Tag seiner Beförderung zum Premierminister aufhört, mit dem Kaiser zu streiten oder diesen zu ermahnen; doch wenn er seine Kinder oder Enkel belehrt, dann weist er diese noch immer zurecht und entscheidet über deren Aufstieg oder Fall. Das Studium des Weges von Buddhas und Patriarchen ist genau so. Obwohl einer auf der Grundlage des Verdienstes seiner Mahnungen und Ratschläge zum Premierminister ernannt wurde, wird er am Tag seiner Ernennung aufhören, zu ermahnen und zu argumentieren; solange er aber noch mit dem Kaiser streitet, diskutiert er nicht über die Pflichten eines Premierministers. In jeder Stellung ist sein einziges Anliegen, seine Pflicht loyal zu erfüllen, indem er das Land regiert und dem Volk Frieden bringt. Loyal zu sein heißt, *einen* Geist zu haben und nicht in zwei zu trennen.“

Dôgen erwiderte demütig: „Es ist offensichtlich, dass die Äbte überall auf der Welt den Weg der Buddhas und Patriarchen noch nicht kennen. Nun weiß ich genau, dass die Buddhas und Patriarchen tatsächlich die Erben des Weltgeehrten und die Dharma-Könige von heute sind. Sowohl die drei zu rettenden Chiliokosmen[18] als auch die

[18] Die Reiche von Begierde, Form und Formlosigkeit.

fühlenden Wesen im Dharma-Reich unterstehen den Buddhas und Patriarchen, und es kann keine anderen Könige geben."

Rujing meinte: „Was du sagst, ist richtig. Du darfst nicht vergessen, dass der Schatz des Dharma in Indien niemals an zwei Menschen gleichzeitig vermacht wurde. Darum sieht der Weg Buddhas in den großen drei Chiliokosmen die Buddhas und Patriarchen als seinen Ursprung an."

16

Rujing sagte: „Meditation unter einem Meister zu studieren (jap. *sanzen*) bedeutet, Körper und Geist fallen zu lassen. Es ist konzentriertes, intensives Sitzen (chin. *chih-kuan ta-tso*, jap. *shikan taza*), ohne Weihrauch zu verbrennen, zu rezitieren, anzubeten, Buße zu tun oder Sutren zu lesen."

17

Dôgen fragte: „Was bedeutet: Körper und Geist fallen lassen?"

Rujing antwortete: „Körper und Geist fallen lassen bedeutet, in Meditation zu sitzen. Wenn man konzentriertes, intensives Sitzen übt, verschwinden die fünf Begierden[19], und die fünf Befleckungen[20] werden entfernt."

[19] Chin. *wu yü*: Reichtum, Sex, Essen und Trinken, Ruhm, Schlaf.
[20] Chin. *wu kai*: Begierde, Wut, Faulheit, Bedauern, Zweifel.

18

Dôgen fragte: „Wenn wir uns von den fünf Begierden lossagen und die fünf Befleckungen entfernen, entspräche diese Lehre derjenigen der Schriftgläubigen. Praktizieren wir dann nicht sowohl Mahâyâna als auch Hînayâna?"

Rujing erwiderte: „Die Nachfolger des ersten Patriarchen sollten die Lehren des Mahâyâna und Hînayâna nicht vehement ablehnen. Wenn du dich von den heiligen Lehren der Tathâgata als Schüler abwendest, wie kannst du dich da einen Nachfolger der Buddhas und Patriarchen nennen?"

19

Dôgen sagte: „Heutige Skeptiker behaupten, die drei Gifte[21] seien der Buddha-Dharma und die fünf Begierden der Weg der Patriarchen. Wenn man diese Menschen ausschließt und den Rest untersucht, kann man diesen dann nicht auf Hînayânaisten reduzieren?"

Rujing antwortete: „Solltest du die drei Gifte und die fünf Begierden nicht auslöschen, bist du mit den Ketzern im Land von Bimbisâra und Ajâtashatru[22] identisch. Wenn aber die Nachfolger der Buddhas und Patriarchen auch nur eine einzige Befleckung oder Begierde tilgen, wird ihnen das von großem Nutzen sein. Dies ist der Augenblick, den Buddhas und Patriarchen ganz unmittelbar zu begegnen."

---

21 Chin. *san-tu*, auch drei Wurzeln *(san-ken)*: Begierde, Wut, Unwissenheit.

22 Bimbisâra war König von Magadha in Indien, er schenkte Buddha den Venuvana-Park. Ajâtashatru war sein Sohn, der ihn später tötete, weil er befürchtete, selbst von seinem Vater ermordet zu werden.

20

Dôgen sagte: „Der Mönch Ch'ang-sha und der kaiserliche Mönch Hao-yüeh diskutierten über die Theorie, dass das karmische Hindernis von Beginn an leer wäre. Wenn dem so ist, müssten dann nicht auch die anderen beiden Hindernisse, Vergeltung und Befleckung, leer sein? Wir können doch wohl nicht nur vom karmischen Hindernis als leer sprechen? Als Hao-yüeh fragte: ‚Was ist von Natur aus leer?', da antwortete Ch'ang-sha: ‚Das karmische Hindernis.' Hao-yüeh fragte weiter: ‚Was ist das karmische Hindernis?' Ch'ang-sha erwiderte: ‚Innewohnende Leere.' Haltet Ihr Ch'ang-shas Bemerkung für richtig oder falsch? Wenn der Buddha-Dharma so wäre, wie Ch'ang-sha sagt, warum erscheinen dann die Buddhas in der Welt, und warum kam der Erste Patriarch aus Indien?"

Rujing, der große alte Meditationsmeister, antwortete: „Was Ch'ang-sha sagte, ist letztlich nicht richtig. Er hatte noch nicht erkannt, dass Karma in den drei Zeitaltern (von Vergangenheit, Gegenwart und Zukunft) wirkt."

21

Dôgen fragte: „Hin und wieder sagten die altehrwürdigen Lehrer: ‚Lest die Sutren, die die vollständige Bedeutung enthalten, und nicht die, die nur einen Auszug daraus bieten.' Welches sind die Sutren, die die vollständige Bedeutung enthalten?"

Rujing antwortete: „Die Sutren mit vollständiger Bedeutung handeln von den früheren Leben des Weltgeehrten. Die Sutren mit nur teilweiser Bedeutung erklären die Saat der Ursachen und die Namen früherer Inkarnationen ohne deren Familiennamen; sie sagen, wo einer verweilte, aber nichts über dessen Lebensspanne. Die vollständigen Sutren hingegen enthalten Ära, Nationalität, Vor- und Nachnamen, Lebenszeit, Verwandtschaftsbeziehungen, Diener, Taten und so weiter, sie lassen nichts unerklärt."

Dôgen fragte: „Selbst wenn nur ein Wort oder Teil einer Redewendung benutzt wird – was das Prinzip erklärt, muss die vollständige Bedeutung genannt werden. Warum bedarf die vollständige Bedeutung dann so ausgedehnten Erläuterungen? Wie wortreich eine Erklärung auch sein mag, wenn sie nicht hinreichend die grundlegende Bedeutung klärt, sollten wir sie dann nicht als teilweise Bedeutung bezeichnen?"

Rujing antwortete: „Was du sagst, ist falsch. Die Lehren des Weltgeehrten, ob nun ausgedehnt oder kurz, erschöpfen stets das Prinzip. Wie ausgiebig oder knapp eine Darlegung auch sein mag, das Prinzip ist eindringlich untersucht und seine Bedeutung niemals unvollständig hinterlassen. Sowohl heiliges Schweigen als auch heiliges Lehren sind Taten Buddhas. Sowohl das Strahlen der Weisheit wie auch das Aufnehmen von Nahrung sind Taten Buddhas. Das Gleiche gilt für die Wiedergeburt als Himmelswesen oder niedere Kreatur, fürs Mönchwerden, die Askese, die Begegnung mit einem Verführer, das Vervollkommnen der Erleuchtung, das Almosengeben und das Erlangen von Nirwana – allesamt sind Unterfangen Buddhas. Alle fühlenden Wesen, die seinen Lehren lauschen und sie befolgen, haben Nutzen durch sie. Darum vergiss nicht, dass diese allesamt vollständige Bedeutung beinhalten. Dies wird in den Sutren der vollständigen Bedeutung gelehrt. Es ist die Lehre der Buddhas und Patriarchen."

Dôgen bekannte: „Was Ihr in Eurem Mitgefühl mich gerade lehrtet, ist in der Tat die Lehre der Buddhas und der Weg der Patriarchen. Die Theorien der Äbte in der ganzen Welt und die der alten Müßiggänger in Japan durchdringen dieses Prinzip nicht. Bis jetzt war mein Verständnis nur bruchstückhaft, ich aber hielt es für vollständig.

Heute habe ich dank Eurer Belehrung zum ersten Mal erkannt, dass die Sutren, die die wahre vollständige Bedeutung enthalten, eindeutig denen überlegen sind, die nur die gewöhnliche Bedeutung enthalten. Ich muss zugeben, dass in Milliarden von Zeitaltern solch eine einfühlsame Belehrung nur selten geschieht."

22

Dôgen sprach: „Gestern habt Ihr gegen Mitternacht einen allgemeinen Vortrag[23] gehalten, in dem Ihr sagtet: ‚Die Natur des Anbetenden und des Angebeteten sind gleichermaßen leer, dazwischen ist die spirituelle Übereinstimmung und Umsetzung des Weges, die sich intellektuellem Verständnis entzieht.' Darin steckt eine tiefgründige Bedeutung, die jedoch schwer zu durchdringen ist, und mein begrenztes Verständnis hinterlässt Zweifel. Das Prinzip spiritueller Übereinstimmung und Umsetzung des Weges wird auch von den Schriftgläubigen aufrechterhalten, kann es da mit dem Weg der Patriarchen übereinstimmen?"

Rujing, der große Meditationsmeister, antwortete mitfühlend: „Du musst den Sinn von spiritueller Übereinstimmung und Umsetzung des Weges verstehen. Gäbe es sie nicht, wären weder die Buddhas in die Welt noch der Erste Patriarch aus Indien gekommen. Du darfst nicht mit Verachtung auf die Lehren der Schriftgläubigen blicken. Wenn du den traditionellen Buddha-Dharma nicht annehmen kannst, solltest du ein rundes Mönchsgewand und eine eckige Almosenschale benutzen. Es ist also nötig, dass du spirituelle Übereinstimmung und Umsetzung des Weges verstehst."

---

[23] Informelle Predigten (chin. *p'u-shuo*, jap. *fusetsu*) wurden ohne das Verbrennen von Weihrauch oder das Tragen der Dharma-Robe abgehalten.

23

Dôgen fragte: „Als ich mich mit dem Abt Ta-kuang[24] aus dem Yü-wang-Gebirge traf, beantwortete er eine schwierige Frage so: „Der Weg der Buddhas und Patriarchen und die Argumente der Schriftgläubigen sind so verschieden wie Wasser und Feuer und so weit voneinander entfernt wie Himmel und Erde. Wenn du mit den Ansichten dieser Schriftgläubigen übereinstimmst, dann stehst du auf ewig der Überlieferung von Buddhas und Patriarchen fern.‘ Hat Ta-kuang nun recht oder nicht?“

Rujing erwiderte: „Nicht nur Ta-kuang hängt dieser falschen Auffassung an, sondern Äbte überall auf der Welt. Wie könnten sie richtig und falsch bei den Schriftgläubigen erkennen, und wie erst die tiefgründige Bedeutung von Buddhas und Patriarchen? Das sind alles nur Äbte, die verdächtige Theorien ausbrüten.“

24

Dôgen fragte: „Ursprünglich gab es zwei Vermächtnisse des Buddha-Dharma: Die Sammlung von Manjushrî und die Sammlung von Ânanda. Es heißt, dass die Mahâyâna-Sutren aus Manjushrîs Sammlung stammen und die des Hînayâna aus Ânandas. Warum hält man jetzt nur Mahâkâshyapa für den ersten Patriarchen in der Übertragung des buddhistischen Kanons und nicht Manjushrî? Manjushrî ist schließlich der Lehrer Shâkyamunis und anderer Buddhas! Woran mangelt es ihm, dass er nicht als erster Patriarch in der Übertragung des buddhistischen Kanons gilt? Ist das so genannte ‚authentische Dharma-Auge, das den wundersamen Geist des Nirwana sieht‘, vielleicht das Erbe von Hörern *(shrâvaka)* des Hînayana? Was meint Ihr?“

---

[24] Möglicherweise ein Schüler Ta-huis.

Rujing antwortete: „Wie du sagtest, ist Manjushrî der Lehrer aller Buddhas; darum taugt er nicht dazu, als Erbe der Übertragung des buddhistischen Kanons bezeichnet zu werden. Wäre er aber ein Schüler gewesen, dann hätte man ihn gewiss auch treffend einen Tugendhaften, der den Dharma überträgt, nennen können. Außerdem ist es einseitig, von Manjushrîs Sammlung zu sprechen, das ist keine allgemeingültige Ansicht. Wie konnte Manjushrî denn von der Lehre und Praxis des Hînayâna wissen? Ânanda sammelte sowohl Mahâyâna- als auch Hînayâna-Lehren. Er war gewiss der Gebildetste unter den Schülern und stellte folglich auch die Lehren des historischen Buddha zusammen. Mahâkâshyapa war hingegen der höchste Mönch und oberste Patriarch während Buddhas Lehrzeit. Ist das nicht Grund genug, warum er den buddhistischen Kanon übertrug? Selbst wenn er an Manjushrî übertragen worden wäre, hättest du jetzt Zweifel. Du musst unerschütterlich darauf vertrauen, dass dies der Dharma aller Buddhas ist, und du darfst keinerlei Zweifel daran nähren."

25

Rujing sagte eines Abends: „Dôgen, weißt du, wie man Socken anzieht, während man sitzt?"

Dôgen verneigte sich und fragte: „Wie kann ich es lernen?"

Rujing antwortete: „Wenn du zum Sitzen in die Meditationshalle gehst und im Sitzen ein Paar Socken anziehen willst, dann bedecke deine gekreuzten Beine mit deinem rechten Ärmel, ehe du die Socken überstreifst. So vermeidest du eine Unhöflichkeit gegenüber den heiligen Mönchen."

26/27

Rujing lehrte: „Wenn du dem Weg folgst, indem du die Sitzmeditation übst, darfst du keine Wassernuss-Früchte essen, denn sie lösen ein Fieber in dir aus. Sitze auch nicht dort, wo ein Wind bläst.“

28

Rujing lehrte: „Wenn du dich aus der Sitzposition erhebst und umhergehst, praktiziere dabei die Methode von einem Atemzug pro halbem Schritt. Dies bedeutet, deinen Fuß nur einen halben Schritt machen zu lassen und dabei genau einen Atemzug zu tun.“

29

Rujing lehrte: „Alle Meditationsschüler der Vergangenheit trugen einfache Roben[25], auch wenn manche sie zu Röcken zusammenflickten. Neuerdings aber trägt jeder eine einfache Robe, die mit einem Rock vernäht ist. Das ist eine schlechte Angewohnheit. Wenn du den alten Gepflogenheiten folgen willst, darfst du nur eine einfache Robe tragen. Dies gilt für alle Mönche, die in mein Kloster kommen, auch wenn sie die Bodhisattva-Gebote oder die Robe der Übertragung empfangen. Es ist falsch, zu behaupten, eine einfache Robe, wie sie heute Meditationsmönche tragen, sei die Kleidung der Brüder aus der Theravada-Schule. Wer das behauptet, kennt die Überlieferung nicht.

---

[25] Chin. *pien-shan* (jap. *hensan*), Roben, bei denen die rechte Schulter unbedeckt blieb.

30

Rujing lehrte: „Seit ich hier in diesem Kloster lebe, habe ich nie eine bunte Robe getragen. Unter den gegenwärtigen Äbten imitieren diejenigen, die sich nicht an die Schicklichkeit halten, die Massen und tragen (auffällige) Dharma-Roben. Sie sehen aus, als fehle es ihnen an wahrem Zeugnis. Darum habe ich nie eine solche Dharma-Robe angezogen. Auch der Weltgeehrte trug nur eine klösterliche Robe aus rauem Material und zog niemals schöne Roben an. Trotzdem: Bestehe nicht darauf, nur raue und hässliche Roben zu tragen, denn das wäre ketzerisch. Ajita Keshakambala[26] war so einer. Nachfolger der Buddhas und Patriarchen sollten tragen, was sie finden können. Hänge nicht an einer einseitigen Anschauung, wie einer, der eine Protesttafel vor sich her trägt. Wer sich aber an einer schönen Robe erfreut, ist von niederer Gesinnung. Jeder Schmutzlumpen[27] entspricht der alten Tradition. Vergiss das nicht!“

31

Als er Weihrauch verbrannte, fragte Dôgen: „Wann hat eigentlich der Weltgeehrte die Goldene Robe an Mahâkâshyapa vermacht?“

Rujing antwortete barmherzig: „Das ist eine sehr gute Frage. Niemand [außer uns] hat sie je gestellt, darum kennt auch keiner die Antwort. Genau darunter leiden die guten Lehrer heutzutage. Als ich beim verstorbenen Meister Chih-chien auf dem Hsüeh-tou-Berg weilte, stellte ich ihm dieselbe Frage, und der Meister war sehr erfreut. Als der Weltgeehrte sah, dass Mahâkâshyapa erwacht war, vermachte er ihm den Buddha-Dharma und die Goldene Robe, was

---

[26] Ajita wurde nachgesagt, eine Robe getragen zu haben, die aus seinem eigenen Haar bestand.

[27] Chin. *fen-sao*, verweist auf Lumpen aus einem Staubhaufen.

diesen zum ersten Patriarchen (Indiens) machte. Nachdem er Dharma und Robe erlangt hatte, übte sich Mahâkâshyapa bei Tag und Nacht ohne Unterlass, Befleckungen abzuschütteln. Er saß in Meditation, legte sich nicht hin, trug stets die Robe Buddhas und sann über Buddha und die Stupas nach. Mahâkâshyapa ist ein Alter Buddha und Bodhisattva. Jedes Mal, wenn der Weltgeehrte ihn sah, überließ er ihm die Hälfte des (hohen) Sitzes. Mahâkâshyapa besaß die dreißig Kennzeichen, es fehlte ihm nur die weiße Haarlocke zwischen den Augenbrauen *(ûrnâkesha)* und die fleischige Erhöhung an der Haarkrone *(ushnîshashiraskatâ)*. Menschen und Himmelswesen wollten den Sitz mit Buddha teilen, denn dem Buddha-Dharma aller übernatürlichen Kräfte und Weisheit, der vom Buddha vermacht wurde, mangelte es an nichts. Als Mahâkâshyapa dem Buddha zum ersten Mal begegnete, empfing er dessen Robe und Dharma."

32

Dôgen fragte: „Im Himmel gibt es vier Arten von Tempeln, nämlich die der Meditation, der Doktrin, der Disziplin und der Schüler[28]. Die Meditationstempel repräsentieren die Nachfolger der Buddhas und Patriarchen, sie üben streng und übertragen einzig Bodhidharmas Sitzen vor der Wand im Sungshan-Gebirge. In ihnen ist das authentische Dharma-Auge erhalten, das den wundersamen Geist des Nirwana erkennt. Sie sind die Erben des Tathâgata und der gesamten Schatzkammer des Buddha-Dharma. Der Rest stellt nur äußere Zweige dar, der den Meditationstempeln nicht gleichkommt.

---

[28] Die „Schüler-Tempel" sind eigentlich solche, in denen noch keine Lehrer-Schüler-Beziehung aufgenommen wurde, in denen es also keine Übertragungslinie gibt. Hier stehen sie für Tempel *(t'u-ti yüan)*, deren Mönche die Abtschaft erlangen, wenn sie Erleuchtung unter ihren Vorgängern erlangt haben (im Gegensatz zu *shih-fang-ch'a*, Tempeln, die ihre Nachfolger außerhalb der eigenen Mauern suchen). Auf sie wird im Folgenden nicht weiter eingegangen.

Die Tempel der Doktrin stehen für Lehren und Einsichtsübungen der T'ien-t'ai-Schule. Meister Chih-che war der einzige Erbe von Meister Hui-Szu aus Nan-yüeh, er empfing die drei Unterbrechungen (gewöhnlichen Denkens)[29] und drei Einsichten des einen Geistes[30], wodurch er das Lotus-*samâdhi*[31] und das frei wandelnde *dhâranî*[32] erlangte. Diese stammen sowohl aus der Weisheit wie auch aus den Schriften. Als ich einen ausgiebigen Überblick der Ansichten von Sutren- und *shâstra*-Lehrern erstellte, erkannte ich, dass Meister Chih-che die anderen im Verständnis der Sutren, Vinaya-Regeln und *shâstra* übertraf. Eine solche Leuchtkraft gab es weder vor noch nach ihm. Obwohl der große Mönch Nan-yüeh Hui-Szu den Dharma von Pei-ch'i Hui-wen empfing, entwickelte Hui-Szu den Geist für die grundlegende Meditation im formlosen Reich. Meister Hui-wen hatte zunächst die Sutren untersucht, doch nachdem er auf Nâgârjunas *Mâdhyamika kârikâ* gestoßen war, begründete er zum ersten Mal die Lehre von den drei Einsichten des einen Geistes. Seitdem ist die Lehre aller Doktrin-Tempel ausnahmslos diejenige der T'ien-t'ai-Schule. Obwohl Meister Hui-wen sich aufs *Mâdhyamika kârikâ* stützte, konnte er dessen Inhalt doch nur lesen, ohne seinen Autor Nâgârjuna persönlich zu treffen. Er erhielt also nie das Siegel von Nâgârjuna; genauso wenig setzte er die Standards für ihre Tempel, ihre Gebäude und ihre Funktionen. Heute beinhalten die Doktrin-

---

[29] Die drei „Unterbrechungen", chin. *chih*, verweisen auf skt. *shamatha*, die Einsicht, die auf dem Anhalten aller Kennzeichen des Daseinsbereich fußt: 1) *t'i-chen chih* – täuschendes Denken wird angehalten, indem man erkennt, dass alle Dinge aus Ursachen entspringen; 2) *fang-pien sui-yüan chih* – täuschendes Denken wird von einem Bodhisattva durch geschickte, an die Situation der Wesen angepasste Mittel beendet; 3) *erh-pien fen-pieh chih* – täuschendes Denken wird angehalten durch die Erkenntnis, dass weder das Reich der Leere noch das Reich der Wesen existiert.

[30] Chin. *kuan* (skt. *vipashyanâ*) ist die Einsicht in die wahre Natur aller Dinge; die drei Einsichten geschehen in: 1) die Leere, 2) die Zeitweiligkeit, 3) die Mitte (eine Position, die weder Leere noch Zeitweiligkeit ist).

[31] Der Lotus-*samâdhi* besteht in der vollständigen Durchdringung der drei Einsichten; alle Dinge werden als das eine wahre Kennzeichen (die Mitte) angesehen.

[32] *Dhârani* (chin. *t'o-lo-ni*) sind magische Formeln, die das Gute schützen und das Böse abwehren.

Tempel die Halle der Sechzehn Einsichten, doch diese fußt auf dem *Sukhâvativyûha sûtra*, dessen Authentizität bei früheren und heutigen Schülern als zweifelhaft gilt. Wie können die drei Einsichten des einen Geistes der T'ien-t'ai-Schule identisch mit den sechzehn indischen Einsichten sein? Letztere erfordern eine behelfsmäßige Doktrin, während erstere eine vollständige Lehre darstellen; sie sind so weit voneinander entfernt wie Himmel und Erde und schließen sich gegenseitig aus wie Feuer und Wasser. Ich vermute, dass die Schüler im Sung-China noch nicht die T'ien-t'ai-Doktrin der Einsichten verstanden haben. Wenden sie die sechzehn behelfsmäßigen Einsichten vielleicht provisorisch an? Es ist bekannt, dass die Doktrin-Tempel nicht das monastische Erbe aus Buddhas Lebenszeit übermitteln. Folgen die Tempel, die vor T'ien-t'ai entstanden, allesamt der Übertragung von Kâshyapa Mâtanga und Chu Falan?

Die Disziplin-Tempel erblühten seit der Zeit von Nan-shan[33]. Er war nie nach Indien oder Zentralasien gegangen, sondern hatte nur Fragmente von dem gelesen, was nach China gelangte. Selbst wenn er die Darlegung eines Himmelswesens gehört hätte, wie könnte diese der vertraulichen Anweisung von Weisen und Heiligen entsprechen? Folglich misstrauen viele Schüler Einrichtungen, die sich Disziplin-Tempel nennen und Gebäude aneinanderreihen wie Fischschuppen oder die Zähne eines Kammes.

Was man nun Meditationstempel nennt, das sind die wichtigsten Klöster und Tempel in China.[34] Sie beherbergen jeweils mehr als eintausend Menschen und bestehen aus mehr als einhundert Gebäuden, mit Pagoden am Eingang und Pavillons im hinteren Teil. Korridore erstrecken sich von Westen nach Osten wie in kaiserlichen Palästen. Das Vermächtnis dieser Tempel ist gewiss die Übertragung

---

33 Tao-hsüan (596-667).

34 Als Pai-chang Huai-hai (720-814), ein Schüler Ma-tsus, Klosterregeln festlegte, wurde Ch'an unabhängig von der Disziplin-Schule.

von Angesicht zu Angesicht und die mündliche Anweisung der Buddhas und Patriarchen. Sie begründen und erbauen genau das, was sie sollten. Können sie nicht ihr Hauptaugenmerk auf das Erblühen ihrer Gebäude richten? Die morgendliche und abendliche Unterweisung sind die unmittelbare Lehre des Ersten Patriarchen, die man nicht mit den Lehren derjenigen vergleichen darf, die die Bedeutung durch Worte zu verstehen trachten. Sollten wir letzteres Erbe als authentisch ansehen? Der Zweifel bezieht sich darauf, dass der Weltgeehrte die Welt durch das Vermächtnis vorheriger Buddhas betreten haben müsse. Denn eines Tages sagte der Weltgeehrte zu Ânanda: „Du musst das Erbe der sieben Buddhas annehmen." Der Dharma der sieben Buddhas ist derjenige von Buddha Shâkyamuni, und der Dharma von Buddha Shâkyamuni ist derjenige der sieben Buddhas. So wurde der Dharma achtundzwanzigfach übertragen und gelangte zum Ehrwürdigen Bodhidharma, der großherzig nach China reiste und dort den authentischen Dharma übertrug, um getäuschte fühlende Wesen zu erretten. Danach wurde er fünffach übertragen bis zum sechsten Patriarchen Ts'ao-ch'i.

Die Nachfahren von Ts'ao-ch'is zwei Schülern Ch'ing-yüan und Nan-yüeh, die man heute als gute Lehrer bezeichnet, verbreiten die Lehre anstelle Buddhas. Ihre Klöster sind die authentischen Erben des Buddha-Dharma. Sie dürfen nicht mit der Kernlehre der Disziplin-Tempel verglichen werden. Wie könnte denn ein Land mehr als einen König haben?"

Dôgen warf sich einhundert Mal nieder, verbrannte vor dem ehrwürdigen Obermönch und großen Meditationsmeister Weihrauch und sagte: „Darf ich Euch darum bitten, diesen Punkt barmherzig zu erläutern?"

Rujing antwortete: „Deine Beschreibung, Dôgen, ist schon annehmbar, und du kannst es zufriedenstellend erklären. In der Vergangenheit gab es keine unnötigen Kategorien wie Doktrin-, Disziplin- und

Meditationstempel. Die heutige Verwendung solcher Ausdrücke ist eine schlechte Angewohnheit späterer Generationen. Da Könige und Beamte den Buddha-Dharma nicht kennen, bezeichnen sie aufs Geratewohl manche Mönche als Doktrin-Mönche, andere als Disziplin- oder Meditationsmönche und so weiter. Wenn kaiserliche Tafeln verliehen werden, werden darauf Namen wie Disziplin-Tempel, Doktrin-Tempel und Meditationstempel vermerkt. Aufgrund dieser Entwicklung sehen wir nun fünf Arten von Mönchen. Es heißt, Disziplin-Mönche stammten von Nan-shan, Doktrin-Mönche von T'ien-tai, Yoga-Mönche von Amoghavajra etc. ab. Die Meister-Schüler-Linie der Disziplin-Mönche ist unbekannt. Meditationsmönche aber sind Nachfahren Bodhidharmas. Wie bedauerlich, dass gegenwärtig unsere Mönchsbrüder geteilt sind! Obgleich die fünf Schulen in Indien *einen* Buddha-Dharma kennen, gilt das offenbar nicht für die Orden in China. Ein erleuchteter König würde solch einen Widerspruch nicht in seinem Land dulden. Du musst verstehen, dass sowohl die Struktur als auch die Schicklichkeit der so genannten Meditationstempel der vertraulichen Unterweisung von Buddhas und Patriarchen und der direkten Übertragung durch authentische Erben entsprang. Darum wird das alte Erbe der sieben Buddhas nur in den Meditationstempeln vermacht. Es ist zwar unpassend, sie als Meditationstempel zu bezeichnen, doch das Dharma-Erbe, das gegenwärtig dort praktiziert wird, ist tatsächlich die authentische Übertragung der Buddhas und Patriarchen. Darum sind unsere Tempel die wahre Schatzkammer des Erbes, Disziplin- und Doktrin-Tempel jedoch nur seine äußeren Zweige. Buddhas und Patriarchen sind die Dharma-Könige. Wenn einmal der Herrscher eines Landes inthronisiert ist, um der Welt als König vorzustehen, dann ist ihm die gesamte Bevölkerung unterstellt."

33

Rujing lehrte: „Die Nachfahren der Buddhas und Patriarchen löschen zuerst die fünf Befleckungen aus und dann die sechste: Unwissenheit. Durch das Tilgen der Unwissenheit hat man alle fünf Befleckungen ausgelöscht. Wenn du dich von den fünf Befleckungen lossagst, nicht aber von der Unwissenheit, dann hast du die Übung und Erfahrung der Buddhas und Patriarchen noch nicht erlangt."

Dôgen verbeugte und bedankte sich und sagte mit gefalteten Händen: „Noch nie zuvor habe ich eine Belehrung wie die Eure heute gehört. Auch keiner der tugendhaften und erfahrenen Ältesten noch einer meiner Mönchsbrüder hat je so etwas vernommen. Dank des Glückes, das ich in vorherigen Inkarnationen gesät habe, konnte ich heute Euer großes Mitgefühl erfahren und hören, was noch nie zuvor gehört wurde. Denn das Geheimnis des Auslöschens der fünf Befleckungen ist das Auslöschen der sechsten, nicht wahr?"

Rujing erwiderte lächelnd: „Was ist denn der Zweck der Disziplin, in der du dich bisher geschult hast? Sich von der sechsten Befleckung zu entfernen. Buddhas und Patriarchen zollen dem klösterlichen Rang keine Aufmerksamkeit. Sie übertragen einzig das direkte Hinweisen auf den Geist, entledigen sich der fünf Befleckungen, die die sechste ausmachen, und überwinden so die fünf Begierden. Sich in konzentriertem, intensivem Sitzen zu üben, bei dem Körper und Geist fallengelassen werden, stellt die Kunst dar, sich von den fünf Befleckungen und fünf Begierden zu verabschieden. Davon abgesehen gibt es überhaupt nichts. Wie könnte da noch ein Zweites oder Drittes sein?"

34

Dôgen fragte: „Seit Ihr Abt wurdet, habt ihr niemals die Dharma-Robe getragen. Was ist der Grund dafür?“

Rujing antwortete: „Ja, seit ich das Amt des Abtes annahm, habe ich nie die Dharma-Robe getragen. Ich möchte wohl bescheiden sein. Aber auch der Buddha und seine Schüler wollten nur staubige Lumpen und Almosenschalen tragen.“

35

Dôgen fuhr fort: „Doch überall auf der Welt tragen Äbte die Dharma-Robe und geben sich unbescheiden. Sie ringen noch mit ihren Sehnsüchten. Als aber der alte Buddha Hung-chih die Dharma-Robe trug, konnte man ihn nicht unbescheiden nennen.“

Rujing erwiderte: „Als der alte Buddha Hung-chih die Dharma-Robe trug, war er ebenfalls genügsam, ja, er folgte sogar dem Weg. Nichts kann dich davon abhalten, in deiner Heimat Japan die Dharma-Robe zu tragen. Der Grund, warum ich es hierzulande nicht tue, ist, dass ich es nicht der korrupten Gewohnheit all der anderen Äbte gleichtun will, die nach dieser Robe gieren.“

Eines Tages lehrte Rujing: „Obwohl das Sitzen in Meditation von Arhats[35] und Pratyekabuddhas[36] das Anhaften überschreitet, fehlt es ihm am großen Mitempfinden. Darum ist es nicht identisch mit dem Sitzen in Meditation der Buddhas und Patriarchen, die zunächst das große Mitempfinden bedenken und dadurch alle fühlenden Wesen erretten. Auch die Hindu-Ketzer praktizieren Sitzmeditation. Sie behalten aber stets die drei Übel des Anhaftens, der verdrehten Ansichten und der Arroganz bei. Darum ist ihre Sitzmeditation auf ewig verschieden von derjenigen der Buddhas und Patriarchen. Auch unter den *shrâvaka* (Hörern) gibt es Sitzmeditation, doch sie besitzen nur selten Mitempfinden. Ihre ihnen selbst nützende Weisheit erlaubt es ihnen nicht unbedingt, das wahre Charakteristikum aller existierenden Phänomene zu durchdringen, und sie verbessern sich nur auf eine Weise, bei der alle Samen für die Buddhaschaft zermalmt werden. Darum ist auch ihre Sitzmeditation auf ewig verschieden von der von Buddhas und Patriarchen. Diese wollen mit ihrer Sitzmeditation den ganzen Buddha-Dharma vom ersten Entwickeln des Erleuchtungsgeistes an aufnehmen. So werden fühlende Wesen weder vergessen noch im Stich gelassen. Ihr mitfühlendes Denken wird stets sogar auf Insekten ausgedehnt, und sie verwenden jedwedes Verdienst für die Errettung aller fühlenden Wesen. Aus diesem Grund sitzen Buddhas und Patriarchen immer in Sitzmeditation, um mitten im Reich der Begierde dem Weg zu folgen. Sie betrachten Jambudvîpa als das einzige Gebiet im Reich der Begierde[37], kultivieren jedes Verdienst und erlangen so die Sanftmut des Geistes zur Errettung der Wesen.“

---

35 Heilige, eigentlich diejenigen, die Gier, Hass und Unwissenheit überwunden haben.

36 Einzel-Erwachte, die nicht lehren und keine Gelübde abgelegt haben.

37 Chin. *yü-chieh*, skt. *kâmadhâtu*, das zusammen mit dem Reich der Form (chin. *se-chieh*, skt. *rûpadhâtu*) und dem Reich der Formlosigkeit (chin. *wu-se-chieh*, skt. *arûpadhâtu*) die drei Reiche (chin. san-chieh, skt. *trailokya*) bildet.

Dôgen fragte: „Was ist diese Sanftmut des Geistes?"

Rujing erwiderte: „Es ist der Wille der Buddhas und Patriarchen, Körper und Geist abfallen zu lassen. Dies ist das Siegel des Geistes von Buddhas und Patriarchen."

Daraufhin warf sich Dôgen sechs Mal nieder.

37

Rujing lehrte: „In der Vortragshalle befinden sich Bilder von Löwen, die von der Ost- bis zur West- und zur Südseite beim Dharma-Sitz reichen. Die Löwen schauen einander an und dabei ein wenig in südliche Richtung. Von der Mähne bis zum Schwanz ist ihr ganzer Körper weiß. In jüngerer Zeit hat man ihre Mähnen blau gemalt, was beweist, dass sie nicht die Übertragung der Meister geerbt haben. Ein Löwe muss von der Mähne bis zum Schwanz gänzlich weiß sein. Der Baldachin, der über dem Dharma-Sitz hängt, ist der Lotus-Baldachin. Er hat acht Ecken mit acht Spiegeln, und von jeder Ecke hängt ein Band mit einer Glocke herab. Die Lotusblätter sind fünflagig, an jedem ist eine Glocke befestigt. Sie bilden die Eine Soheit des Lotus-Baldachin über dem Dharma-Sitz dieses Klosters."

38

Nachdem er sich einhundert Mal niedergeworfen hatte, sagte Dôgen: „Zuvor habt Ihr den Auftaktvers eines Gedichtes über die Glocken an den Bändern zitiert: ‚Der ganze Körper wie ein Mund, der in Leere hängt.' Der letzte Vers lautet: ‚Für alle gleichermaßen lehrt Weisheit *(prajnâ)*.' Die so genannte Leere verweist nicht auf die Form der Leere, nicht wahr? Skeptiker denken stets an Leere als eine Form.

Heutige Schüler müssen erst noch den Buddha-Dharma erleuchten, sie sehen den blauen Himmel und nennen ihn Leere, und sie tun mir wirklich leid."

Rujing erwiderte: „Was Leere genannt wird, ist Weisheit und nicht die Leere wie im Ausdruck ‚Form ist Leere'. Weder hat Leere ein Hindernis noch mangelt es ihr daran, darum ist sie weder die Leere wie in bloßer Leere noch die Wahrheit wie in einseitiger Wahrheit. Nicht *ein* Abt irgendwo auf der Welt erkennt die Natur der Formen, keiner erleuchtet Leere. Meiner Ansicht nach ist der Buddha-Dharma im China der Sung-Zeit im Niedergang begriffen."

39

Dôgen bemerkte: „Euer Vers über die Glocken ist überragend. Selbst wenn sie die drei *asamkhyeya kalpa*[38] durchleben könnten, reichten die Äbte dieser Welt nicht an diesen Vers heran. Jeder Eurer Mönche empfängt ihn. Ich kam aus einem weit entfernten Land und habe nur wenig Erfahrung, doch wenn ich Schriften wie das *Ching-te ch'uan-teng lu, T'ien-sheng kuang teng lu, Chien-chung ching-kuo hsü-teng lu, Chia-t'ai p'u-teng lu*[39] und die Sprüche anderer Meister lese, finde ich darin bisher nichts, was Eurem Vers gleichkommt. Wie glücklich ich bin, ihn gelernt zu haben! Mein Herz hüpft vor Freude, und Tränen benetzen meine Robe, wenn ich Tag und Nacht Anregungen fürs Niederwerfen empfange. Es liegt daran, dass dieser Vers geradeheraus und doch rhythmisch ist."

---

[38] Drei unermessliche Zeitalter, die es für einen Bodhisattva dauern soll, bis er Buddhaschaft erlangt.

[39] Chronologische Sammlungen von Aussprüchen indischer und chinesischer Meister, die zusammen mit dem *Lien-teng hui-yao* als die „Fünf Lampen" bezeichnet werden.

Bevor Rujing in eine Sänfte stieg, sagte er mit einem Lächeln: „Was du sagst, ist tiefgründig, und es weist ein Kennzeichen überragender Bedeutung auf. Ich habe den Vers über die Glocken verfasst, als ich mich im Ch'ing-liang-Kloster aufhielt. Obwohl Menschen überall diesen Vers lobten, hat ihn niemand je so geschätzt wie du. Ich, der Mönchälteste auf dem T'ien-t'ung-Berg, gestehe dir zu, dass du das Auge hast. Auch du musst Verse in dieser Art schaffen."

40

Rujing unterwies Dôgen in der Nacht: „Wenn ein fühlendes Wesen, das in der Welt von Geburt und Tod umherwandert, den Geist zur Buddhaschaft entwickelt, ist es das Kind der Buddhas und Patriarchen. Auch alle anderen fühlenden Wesen sind die Kinder aller Buddhas. Kinder stellen diese Beziehung zu ihren Eltern nicht in Frage."

41

Rujing lehrte: „Wenn du in Meditation sitzt, lege deine Zunge hinter die Vorderzähne oder an den Gaumen. Wenn du vierzig oder fünfzig Jahre lang regelmäßig gesessen hast und dich dabei nie müde fühltest, dann macht es nichts mehr aus, wenn du die Augen schließt. Anfänger ohne viel Übung müssen aber mit offenen Augen sitzen. Wenn langes Sitzen zur Erschöpfung führt, ist es in Ordnung, die Stellung der Füße zu wechseln. Seit dem Buddha gab es nur fünfzig Generationen authentischer Übertragung und Zeugen."

42

Dôgen fragte: „Die Skeptiker in Japan wie in China behaupten, die Sitzmeditation, wie sie von den Meistern der Ch'an-Kloster aufrechterhalten wird, sei die Lehre der Hörer *(shrâvaka)* des Hînayâna. Wie begegnet Ihr solchen Anschuldigungen?"

Rujing antwortete mitfühlend: „Die Anschuldigung dieser Skeptiker aus Japan und China erhellt den Buddha-Dharma nicht richtig. Dôgen, du musst verstehen, dass der authentische Dharma des Tathâgata die Unterscheidung zwischen Mahâyâna und Hînayâna überschreitet. Dennoch erniedrigte sich der alte Buddha aus Mitempfinden und erfand die geschickten Mittel des Mahâyâna und Hînayâna, damit sie an weitere Generationen übertragen würden. Dôgen, vergiss nicht, dass Mahâyâna und Hînayâna nur geschickte Mittel sind, so wie die verschiedenen Schichten eines Sesamküchleins. Doch würden die Buddhas und Patriarchen Kinder nicht mit einer leeren Faust täuschen (in der dann nichts ist). In Übereinstimmung mit dem Guten vermachen sie die Lehre, für eine Goldmünze ein Goldblatt anzubieten. Ob sie nun künftige Buddhaschaft vorhersagen oder an Mahlzeiten teilnehmen, sie verbringen ihre Zeit nicht nutzlos."

43

Rujing lehrte barmherzig: „Wie ich sehe, übst du dich Tag und Nacht ohne Schlaf auf deinem Sitz(kissen) in der Meditationshalle im Zazen. Das ist sehr gut. Später wirst du einen erlesenen Duft riechen, der mit nichts in der Welt vergleichbar ist; dies ist ein vielversprechendes Zeichen. Auch dass du, wenn du mich triffst, Tränen vergießt, als würde Öl auf den Boden tropfen, ist glückverheißend. Das Gleiche gilt, wenn du gewisse Wahrnehmungen entwickelst. Du musst, um dem Weg zu folgen, so intensiv in Meditation sitzen, als würdest du ein Feuer auf deinem Kopf löschen wollen."

44

Rujing lehrte: „Der Weltgeehrte sagte: ‚Hören und Spekulieren ist so, als stünde man noch außerhalb des Tores. Die Sitzmeditation ist die unmittelbare Rückkehr nach Hause und bedeutet ein stilles inneres Leben.' Darum wird es unermessliches Verdienst bringen, selbst nur für einen Augenblick in Meditation zu sitzen. Ich habe mich dreißig Jahre darin geübt, um dem Weg zu folgen, und dabei nie nachgelassen. In diesem Jahr werde ich 65 Jahre alt, und je älter ich bin, desto entschlossener. Auch du musst dem Weg mithilfe der Sitzmeditation folgen, als wäre dies aus dem goldenen Mund der Buddhas und Patriarchen prophezeit worden."

45

Rujing lehrte: „Wenn du die Sitzmeditation betreibst, lehne dich nicht an eine Mauer, einen Wandschirm, einen Stuhl oder ähnliches an, das wird dich nur krank machen. Sitze einfach gerade, wie es im Handbuch für die Sitzmeditation *(Tso-ch'an-i)*[40] beschrieben ist, und lehne dich nicht an solche Dinge an."

---

[40] Das 8. Kapitel aus dem *Ch'an-yüan ch'ing kuei* (1103) von Ch'ang-lu Tsung-i. Eine deutsche Übersetzung findet sich auf der Website des Angkor Verlages unter „Kostenlose Downloads".

46

Rujing lehrte: „Wenn du dich aus der Sitzmeditation erheben und meditativ gehen willst, dann bewege dich nicht im Kreis, sondern in einer geraden Linie. Willst du dann nach zwanzig oder dreißig Schritten umkehren, dann drehe dich nach rechts und nicht nach links. Bewege zuerst den rechten Fuß, dann den linken."

47

Rujing lehrte: „Die Fußabdrücke, die der Tathâgata hinterließ, als er sich aus der Sitzposition erhob, sind nun in der indischen Provinz Udyâna (chin. *wu-ch'ang-na*) erhalten. Auch das Haus des Laien Vimalakîrti existiert heute noch, und das Fundament des Jetavana-vihâra (Klosters) ist noch nicht ausgehöhlt. Die Menschen haben an diesen heiligen Stätten reichlich nachgedacht, doch dies geschah zu übertrieben oder zu mangelhaft, zu lange oder zu kurz; bis heute gibt es keine allgemeine Übereinkunft. Solches Nachdenken ist nur wie lautes Geschnatter über die Buddhas und Patriarchen. Du musst wissen, dass die Menschen weder über die Bedeutung der Almosenschale (chin. *po-yü*, skt. *pâtra*) und der Robe, wie sie heute in China übertragen werden, spekulieren sollten, noch über das Erheben der Faust oder das Schweigen."

Dôgen erhob sich von seinem Sitz und warf sich sogleich nieder[41]. Als er seinen Kopf gen Boden brachte, vergoss er Tränen der Freude.

[41] Chin. *su-li* oder *ch'u li*. Damit ist eine informelle Niederwerfung auf eine (Sitz-) Matte gemeint, die vorher nicht, wie sonst üblich, ausgerollt wird.

48

Rujing lehrte: „Wenn sie in Meditation sitzen, verweilt ihr Geist an verschiedenen Orten. Sie denken, dies seien bewährte Orte. Doch die Lehre, die authentisch von Buddhas und Patriarchen übertragen wurde, besagt, deinen Geist in die Handfläche deiner linken Hand zu legen."

49

Rujing lehrte: „Die Tatsache, dass der Novize (skt. *shrâmanera*) Kao vom Berg Yao-shan nicht die vollständigen Gelübde als Bettelmönch empfing, bedeutet nicht, er hätte die Gelübde der Buddhas nicht erhalten, die authentisch von Buddhas und Patriarchen übertragen wurden. Er war ein Bodhisattva-Novize, gekleidet in eine Mönchsrobe, und trug seine Almosenschale. Wenn er einen Sitz einnahm, dann wurde sein klösterlicher Rang durch die Jahre bestimmt, die er dort seit dem Empfang der Bodhisattva-Gelübde verbracht hatte, und nicht aufgrund seiner Novizengelübde. Dies ist wahrlich die authentisch übermittelte Lehre. Ich freue mich, dass du den festen Entschluss gefasst hast, den Dharma zu suchen. Ich werde dir die Ts'ao-tung-Schule anvertrauen."

50

Dôgen fragte: „Bei einem Meister zu lernen ist der höchste Weg von Buddhas und Patriarchen der Vergangenheit und Gegenwart. Als mein Geist zuerst erleuchtet wurde, dachte ich, dies sei der Weg; doch wenn ich den Dharma vor einer Zuhörerschaft dargelegt hörte, dann kam es mir vor, als gäbe es keinen Buddha-Dharma. Als ich aber den Geist weiter entwickelte, dachte ich, es gäbe nichts mehr zu verwirklichen, doch wenn ich den Dharma erläutert und den Weg gezeigt bekomme, erkenne ich, dass es einen Willen gibt, der den der alten Tage übertrifft. Sollte ich nun den früheren oder den späteren Geist als das Erlangen des Weges betrachten?"

Rujing erwiderte: „Du stellst die gleiche Frage wie sie die Bodhisattvas und *shrâvaka* dem Weltgeehrten zu seiner Zeit vortrugen. Es gibt eine Antwort darauf, die sowohl in Indien wie auch in China authentisch übertragen wurde: Wenn der Dharma weder zu- noch abnimmt, wie erlangst du dann Erleuchtung? Nur Buddhas können Erleuchtung erlangen, wie aber die Bodhisattvas? Gemäß der authentischen Übertragung durch Buddhas und Patriarchen ist Erleuchtung nicht nur der erste Geist, doch weicht er auch nicht von diesem ab. Wie kann das sein? Wenn man so den Weg erlangte, wäre ein Bodhisattva bereits beim ersten Entwickeln des Geistes ein Buddha. Das ist unmöglich. Wenn es jedoch kein erstes Entwickeln des Geistes gibt, wie können wir dann den zweiten und dritten Geist entwickeln und den zweiten und dritten Dharma erlangen? Darum betrachtet der spätere Geist den ersten als den Ursprung, und der erste nimmt den späteren vorweg. Lass mich den ersten und den späteren Geist nun mit einer Metapher erläutern. Das Verbrennen von Weihrauch zum Beispiel ist nicht auf den Anfang beschränkt, entfernt sich aber auch nicht davon; es ist nicht aufs Ende beschränkt, entfernt sich aber nicht davon. Ohne sich zurückzuziehen oder abzuwenden, ist es weder alt noch neu, weder von selbst noch durch andere erzeugt. Während die Lampe für den Weg der Bodhisattvas steht, entspricht der Weihrauch der Unwissenheit, und die Flamme entspricht der Weisheit, die mit dem ersten Geist übereinstimmt. Buddhas und Patriarchen kultivieren die Weisheit, die dem *samâdhi* einer einzigen Tat („Samadhi der Soheit", chin. *I-hsing san-mei*, skt. *Ekavyûha*) entspricht und die Täuschungen der Unwissenheit verbrennt. Dies ist weder auf den Anfang noch aufs Ende beschränkt, weicht aber auch nicht von ihnen ab. Es ist die eigentliche Kraft der authentischen Übertragung durch Buddhas und Patriarchen."

Am zehnten Tag des zwölften Monats im fünften Jahr von Kenchô (1253) im Abtsquartier des Eiheiji in Kichijô-zan (Provinz Echizen) niedergeschrieben.

Das oben Gesagte ist in den Dokumenten erhalten, die vom verstorbenen Alten Buddha (Dôgen) zurückgelassen wurden. Als ich hieran schrieb, fragte ich mich, ob es noch andere unentdeckte Texte gab. Was ich bedaure ist, dass die Aufzeichnung von Dôgens Leistungen unbeendet bleibt; in Trauer fallen hunderttausend Tränen.

Ejô[42]

Ich habe diese Aufzeichnungen zum ersten Mal am dreiundzwanzigsten Tag des elften Monats im ersten Jahr von Shôan (1299) am Tag nach der Wintersonnenwende im Hôkyôji in Ôno (Provinz Echizen) zu Gesicht bekommen. Der Gründer des Klosters[43] erlaubte mir, sie noch zu seinen Lebzeiten zu sehen, was bis dahin noch nicht vorgekommen war. Nun ist die Zeit, wo man die strahlende Perle inmitten vom Haar des heiligen Königs gefunden hat. Ich bin der Glücklichste unter den Glücklichen. In hunderttausendfacher Freude benetzen Tränen meine Ärmel.

Giun[44]

---

[42] Koun Ejô (1198-1280), studierte zunächst unterschiedliche buddhistische Schulen, ehe er 1233 Dôgens Schüler und schließlich dessen unmittelbarer Nachfolger und zweiter Abt des Eiheiji wurde; u. a. für die Textsammlung von Dôgens *Shôbôgenzô* verantwortlich.

[43] Jakuen (1207-1299), erster Abt des Hôkyôji in der Provinz Echizen. Er wurde in China geboren und ging nach Rujings Tod nach Japan, um unter Dôgen seine Studien fortzusetzen.

[44] 1253-1333, studierte zunächst Kegon- und Tendai-Buddhismus, wurde später fünfter Abt des Eiheiji, setzte dort zahlreiche Gebäude instand und belebte Dôgens Lehre aufs Neue.

SANSHÔDÔEI

Vorwort

Dôgen Zenjis chinesische Gedichte finden sich zu einem großen Teil in einem seiner Hauptwerke, dem *Eihei Kôroku* (auf Deutsch im Angkor Verlag erschienen). Wir konzentrieren uns hier auf die japanischen Verse aus dem *Sanshôdôei* („Verse auf dem Weg vom Sanshô-Gipfel", was die ursprüngliche Ortsbezeichnung für den Tempel Eiheiji war). Sie bestehen aus 31 Silben und entsprechen damit der klassischen Form des an Wortspielen reichen *waka*. Der ältere Name des Werkes lautet dann auch *Dôgen waka-shû* („Dôgens *waka*-Sammlung").

Unsere Übertragung ist frei und wurde in Zweifelsfällen mit den englischen Übersetzungen von Steven Heine: *The Zen Poetry of Dogen* (Boston 1997) und von Rosan Osamu Yoshida: *Limitless Life – Dogen's World* (Missouri Zen Centre 1999) abgeglichen. Wesentliche japanische Vorlagen unterschiedlicher Versionen sind bei Heine genannt, u. a. die von Dôshû Ôkubo und Genryû Kagamishima *(Dôgen zenshi zenshû)* und das *Teiho Kenzeiki* von Menzan, der einige Verse Dôgens deutlich veränderte. Zum ersten Mal tauchten die *waka* in der Dôgen-Biografie *Kenzeiki* auf, die 1420 vom 8. Abt des Hôkyôji erstellt worden sein soll (die früheste erhaltene Ausgabe stammt aus dem 16. Jahrhundert).

Die beiden ersten Gedichte Dôgens wurden auf seiner letzten Reise nach Kyôto verfasst, die er auf Wunsch seines Gönners Hatano Yoshishige antrat, der den kranken Meister dort erfolglos behandeln ließ. Die Verse zum Lotus-Sutra, dem Dôgen den höchsten Rang zumaß und auf das er in zahlreichen Kapiteln seines *Shôbôgenzô* Bezug nahm, entstanden wohl im Jahr 1241, die zwölf Lehrgedichte im Jahr 1248 im Saimyôji-Tempel Kamakuras, das vorübergehend zur Hauptstadt geworden war und wo sich Dôgen acht Monate lang aufgehalten haben soll. (Er kam damit einem Wunsch der Ehefrau des Hôjô-Clanführers nach.) Die dreiunddreißig Gedichte aus der Einsiedelei sollen in den Bergen des heutigen Echizen und speziell im Tempel Kippôji entstanden sein, wo Dôgen sich vor der Fertigstellung des Eiheiji aufhielt. Zehn weitere Gedichte stammen aus jüngeren Versionen des *Sanshôdôei* wie der von Menzan. Das vorletzte Gedicht ist aus *Tôyôwakashû, Volume 5: Koiuta* und das letzte aus *Tsukubashû, 14. Zôrenga, 3.*

Die runzligen Bauernsöhne, T. Y. und G. K.

Auf der letzten Reise nach Kioto

草の葉に
かどでせる身の
木部山
雲におかある
心地こそすれ

Wie ein Grashalm –

morscher Körper

auf dem Weg nach Kioto,

im wolkigen Nebel

des Kinome-Pass wandernd.

Am 15. Tag des 8. Mondmonats in Dôgens Todesjahr (i.e. am 28. August 1253)

見んと
思ひし時の
秋だにも
今夜の月に
ねられやはする

Als meine Sehnsucht,

den Mond über Kioto ein letztes Mal zu sehen,

im Innersten erwacht,

raubt die Schönheit dieser Herbstnacht

mir den Schlaf.

FÜNF GEDICHTE ZUM LOTUSSUTRA

夜もすがら
終日になす
法の道
皆此経の
声と心と

Tag und Nacht

ist der Weg des Dharma alltägliches Handeln;

unsere Herzen schwingen

mit dem Klang der Sutren.

峪に響き
峰に鳴猿
妙妙に
只此経を
説くとこそ聞け

Lausche dem mystischen Schrei der Affen,

der von Berggipfeln erklingt

und in Tälern widerhallt,

als würde ein Sutra gelehrt.

此の経の
心を得れば
世の中の
売買声も
法を説くかな

Das Herz des Sutras erlangend,

werden selbst die Stimmen

des wuseligen Marktplatzes

zu Lehren des Dharma.

峯の色
谷の響きも
皆ながら
吾が釈迦牟尼の
声と姿と

Farben der Berge,

Töne der Täler,

eins in Allem, alles in Einem,

Stimme und Körper

unseres Shakyamuni Buddha.

誰とても
日影の駒は
嫌ぬを
法の道得る
人ぞ少なき

Jeder bewundert ein anmutiges Fohlen,

das in flirrendes Sonnenlicht galoppiert,

doch wenige erkennen:

Dieses flüchtige Bild

ist selbst der Weg des Dharma.

Beim ersten größeren Schneefall am 25. Tag des neunten Mondmonats im Jahr 1244

長月の
紅葉の上に
雪ふりぬ
見ん人誰か
歌をよまざらん

Weißer Schnee

auf rotem Herbstlaub:

Wer würde bei diesem Anblick

kein Gedicht schreiben wollen?

LEHRGEDICHTE

Die besondere Überlieferung außerhalb der Schriften (Kyôge betsuden)

荒磯の
浪もえよせぬ
高岩に
かきもつくべき
法ならばこそ

Wäre der Dharma doch wie eine Auster geschrieben,

auf eine hohe Klippe gespült,

und selbst Wellen, die gegen die Küste krachen,

könnten ihn nicht forttragen.

Der wahre Mensch, der in den zehn Gegenden der Welt offenbar wird (Jinjippôkai shinjitsunintai)

世の中に
真の人や
なかるらん
限りも見えぬ
大空の色

Der wahre Mensch

ist niemand Besonderes,

wie die tiefblaue Farbe

des grenzenlosen Himmels

überall auf der Welt.

Beim Anblick von Pfirsichblüten erwachen (Kentôkagodô)

春風に
綻びにけり
桃の花
枝葉にわたる
疑ひもなし

Blüten der Pfirsichfrucht,

entfaltet in der Frühlingsbrise,

wischen selbst die Zweifel

von Blättern und Zweigen weg.

Nicht einen Augenblick des Tages vergeuden (Junijijû fukûka)

過ぎにける
四十余りは
大空の
兎鳥の
道にぞありける

Mehr als vierzig Jahre zogen so schnell vorbei

wie der Hase im Mond

und die Krähe in der Sonne*

den Himmel durchquerten.

[* Der Hase im Mond und die Krähe in der Sonne sind traditionelle Metaphern für Vergänglichkeit in der chinesischen Poesie.]

Wahre Erkenntnis vor der Geburt (Fubo shoshô no manako)

尋ね入る
みやまの奥の
里ぞもと
我すみなれし
京なりけり

Auf entlegensten Bergpfaden den Weg suchend,

finde ich keine andere Zuflucht

als meine ursprüngliche Heimat:

Satori!

Das ursprüngliche Gesicht (Honrai no memmoku)

春は花
夏ほととぎす
秋は月
冬雪さえて
すずしかりけり

Im Frühling die Kirschblüten,

im Sommer der Kuckucksruf,

im Herbst der Mondschein,

im Winter gefrorener Schnee –

alle Zeiten rein und klar.

Der Geist, der aus Nicht-Verweilen ersteht (Ômushojû nishô go-shin)

水鳥の
行くも帰るも
跡たえて
されども路は
わすれざりけり

Das Kommen und Gehen des Wasservogels

hinterlässt keine Spur,

doch die Wege, denen er folgt,

vergisst er nicht.

Kein Verlass auf Worte und Buchstaben (Furyû monji)

謂すてし
其言葉の
外なれば
筆にも跡を
留めざりけり

Von Sprache unbegrenzt,

wird es doch unaufhörlich zum Ausdruck gebracht.

Auch Pinselspuren

können es nicht vollständig erfassen.

Dieser Geist ist Buddha (Sokushin sokubutsu)

鴛どりか
白鷗とも又
見えわかぬ
立てる波間に
うき沈むかな

Schwer zu erkennen,

was zwischen weißen Wellenkronen

auf- und abgleitet:

Mandarin-Ente oder Möwe?

Alltagsleben: Gehen, Stehen, Sitzen, Liegen (Gyôjû zaga)

守るとも
覚えぬながら
小山田の
いたずらならん
かがし成りけり

Sie weiß nichts

vom Schutz des Reisfeldes,

und doch ist die Vogelscheuche

auf dem Hügel nicht nutzlos.

Schatzkammer des wahren Dharma-Auges (Shôbôgenzô)

波も引き
風もつながぬ
捨小舟
月こそ夜半の
さかひ成りけり

Dahintreibendes Boot,

weder von Wellen

noch vom Wind geschaukelt,

inmitten der Nacht

von Mondlicht umrahmt.

Wunderbarer Nirwana-Geist (Nehan myôshin)

いつも只
我が古里の
花なれば
色もかはらず
過し春哉

Unvergängliche Blumen,

blühen in unserem ursprünglichen Zuhause,

ihre Farben verblassen nicht,

auch wenn Frühlinge kommen und gehen.

BEILÄUFIGE VERSE AUS DER EINSIEDELEI

(Sôan no gûei)

草の庵に
ねてもさめても
申す事
南無釈迦牟尼佛
憐れみ給え

Wachend oder schlafend

ist stets dies mein Gebet

in der grasbedeckten Hütte:

Shakyamuni, hülle die Welt

in dein Mitleid ein!

おろかなる
吾れは佛に
ならずとも
衆生を渡す
僧の身なれば

Obgleich ich Narr

noch kein Buddha bin,

möge mein Mönchskörper

das Floß sein,

um fühlende Wesen ans andere Ufer zu bringen.

嬉しくも
釈迦の御法に
あふみ草
かけても外の
道をふまめや

Shakyamunis Lehre erfahren zu können

ist wirklich eine Freude.

Auch wenn es nicht leicht wird,

einen anderen Weg gehe ich nicht!

駟の馬
四つの車に
乗らぬ人
真の道を
いかで知らまし

Die vier Pferde des Leidens

Und vier Streitwagen des Mitempfindens*:

Wie könnte jemand den Weg finden,

ohne auf ihnen auszureiten?

[* Eine Anspielung auf die vier edlen Wahrheiten und das Kapitel „Shime" (Vier Pferde) im *Shôbôgenzô*, das sich bezieht auf den Tod eines Unbekannten, den Tod eines Nachbarn, den Tod eines Verwandten und den eigenen Tod.]

山深み
峯にも尾にも
声たてて
今日も暮れぬと
日暮ぞなく

Wenn Berge und Täler

in Dämmerung versinken,

schrillt das Zikadenlied

von einem Tag,

der bereits vergangen ist.

春風に
吾が言葉の
散りぬるを
花の歌とや
人のながめん

Die Blüten meiner Worte,

von der Frühlingsbrise losgelöst und fortgeblasen –

werden andere sie anstarren,

als wären es bloß

Noten eines Blumenliedes?

あずさ弓
春の山風
吹きぬらん
峯にも尾にも
花匂ひけり

Von den Bergen

muss der Frühlingswind geweht haben:

Der Duft von Blumen

breitet sich auf Gipfeln und in Tälern aus.

頼みこし
昔のしうや
ふゆだすき
哀れをかけよ
あさのそでにも

Meine Sorgen in den Leinenärmel gewickelt,

bitte ich Reisender,

am Wintermorgen gehüllt zu werden

ins Mitempfinden

des Meisters vergangener Zeiten.

おろかなる
心一つの
行く末を
六つの道とや
人のふむらん

Nur dem Weg des Irrglaubens

in den sechs Daseinsbereichen folgend –

nutzloses Abschweifen eines Geistes,

der seinen eigenen Täuschungen hinterherjagt.

足びきの
山鳥の尾の
しだり尾の
長長し夜も
明けてける哉

Lange, lange Nacht,

wie der Schweif eines Fasans –

da bricht das Licht

der Morgendämmerung durch.

六つの道
遠近迷ふ
輩は
吾が父ぞかし
吾が母ぞかし

Diese Streuner,

die die sechs Daseinsbereiche durchwandern,

sind mein Vater

und meine Mutter!

賤士の
かひ根に春の
立ちしより
古野におふる
若菜をぞつむ

Selbst an den Hecken der Armen

ist der Frühling angebrochen,

und ich pflücke junge Kräuter

auf alten Feldern.

早苗とる
夏の始の
祈りには
廣瀬龍田の
政をぞする

Sommeranfang:

Zum Ende des Reispflanzens

für eine glückliche Ernte beten

und die Schrein-Feste von Hirose und Tatsuta

im Sinn haben.

大空に
心の月を
ながむるも
闇に迷ひて
色にめでけり

Den klaren Mond betrachtend,

der Geist so leer wie der weite Himmel,

von seiner Farbe angezogen,

verliere ich mich

in seinen Schatten.

安名尊
七の佛の
ふる言は
まなぶに六の
道を越えけり

Was das wohl für eine ehrwürdige Sache ist:

Auf der Reise durch die sechs Daseinsbereiche,

die ursprünglichen Worte

der sieben Buddhas lernend,

alle Wege überschreiten.

本末も
皆偽りの
つくもがみ
思ひ乱るる
夢をこそ説け

Wie verwickeltes Haar

die zirkelhafte Täuschung

von Anfang und Ende.

Entwirrt

ist der Traum vorbei.

夏冬も
思ひに分かぬ
越の山
降る白雪も
鳴るいかずちも

Die Berge Koshis,

ohne unterscheidenden Geist –

sommers wie winters

fällt weißer Schnee

und Donner kracht.

都には
紅葉しぬらん
奥山の
今夜もけさも
霰ふりけり

Letzte Nacht und noch am Morgen

fiel Hagel tief in diesen Bergen.

In der Hauptstadt müssen sich

die Blätter rot verfärbt haben.

吾が庵は
越の白山
冬籠もり
氷も雪も
雲かかりけり

Meine Winterklause

in den weißen Bergen von Koshi:

Eine Wolkendecke liegt

über gefrorenen Gipfeln

und verschneiten Abhängen.

あずさ弓
春暮れ果つる
今日の日を
引留めつつ
おちこちやせん

Das schwindende Frühlingslicht

halte ich gespannt

wie einen Bogen aus Katalpa-Holz.

Endlos streife ich von hier nach dort.

花紅葉
冬の白雪
見しことも
思へばくやし
色をめでけり

Kirschblüten im Frühling,

blutrote Blätter im Herbst

und der weiße Winterschnee –

ich kann sie nicht erklären,

diese nie enttäuschte Liebe zu Farben.

草庵に
起きてもねても
祈ること
我より先に
人を渡さん

Ob ich wache oder schlafe

in meiner grasbedeckten Hütte,

mein Bestreben lautet so:

Andere noch vor mir selbst zu retten!

閑らに
過ごす月日は
多けれど
道をもとむる
時ぞすくなき

Zeit –

so leicht in Müßiggang verbracht,

ist sie bereits vergangen

für die Suche nach dem Weg.

いただきに
鵲の巣や
つくるらん
眉にかかれり
蜘蛛のいと

Eine Elster baut ihr Nest

auf seinem Kopf,

während ein Spinnennetz

seine Augenbrauen bedeckt.

声ずから
耳に聞ゆる
時されば
吾が友ならん
かたらひぞなき

Trifft der Ton

direkt aufs Ohr,

dann ist da kein Gespräch mehr

zwischen Freunden.

草の庵
夏の初の
衣がへ
涼しき簾
かかるばかりぞ

Zu Sommerbeginn

in meiner grasbedeckten Hütte

wird es Zeit, die Roben zu wechseln

und den kühlenden Bambusschirm aufzuhängen.

心とて
人に見すべき
色ぞなき
只露霜の
結ぶのみ見て

Der Geist hat keine Farbe,

die man sehen könnte,

die einzige Fessel des Körpers

ist wie Tau und Frost.

如何なるか
佛といひて
人問わば
かいやが下に
つららひにけり

Wenn du fragst,

was Buddha ist:

Ein geschmolzener Eiszapfen

unter dem Kokon einer Seidenraupe.

世の中は
もどより出る
きさの尾の
ひかぬにとまる
さはり計りぞ

Die Welt ist

wie ein Bullenschwanz,

der nicht durchs Fenster gelangt,

obwohl da keiner ist,

um ihn zurückzuhalten.

朝日待つ
草葉の露の
ほどなきに
急ぎな立ちそ
野辺の秋風

Tau auf einem Grashalm

hat so wenig Zeit,

bevor die Sonne aufgeht –

lass den Herbstwind nicht so stark

übers Feld wehen!

心なき
草木も今日は
しぼむなり
目に見たる人
愁ひざらめや

Selbst Pflanzen und Bäume,

die kein Herz haben,

welken mit den vergehenden Tagen dahin.

Dessen eingedenk,

kann da irgendjemand keinen Kummer empfinden?

隙もなく
雪はふりけり
谷深み
春来にけりと
鶯ぞなく

Obgleich dichte

weiße Schneeflocken

in die tiefsten Täler fallen,

singt die Nachtigall mit klarer Stimme

vom Frühlingsanfang.

此心
天つ虚にも
花ぞなほ
三世の佛に
たてまつらなん

Dieser Geist,

rein wie der makellose Himmel,

bringt den Buddhas der drei Zeiten

allüberall Blumen der Leere dar.

WEITERE GEDICHTE

Den Tag nicht vergeuden

人しれず
めでし心は
世の中の
只山川の
秋の夕暮れ

Wie mein Herz

insgeheim in Liebe entflammt

zu Flüssen im Tal und erhabenen Gipfeln,

sobald die Herbstsonne untergeht.

Zazen-Übung (Zazen kufû)

しずかなる
心の中に栖む
月は
波もくだけて
光とぞなる

Der Mond spiegelt sich

im stillen Geist,

brechende Wellen

werden zu strahlendem Licht.

Ching-ch'ings Ton des Regentropfens (Kyôsei uteki no koe)

聞くままに
また心なき
身にしあれば
おのれなりけり
軒の玉水

Der freie Geist

lauscht dem Regen

und die Tropfen von den Traufen

werden zum wahren Selbst.

Verehrung (Raihai)

冬草も
見えぬ雪野の
しらさぎは
おのが姿に
身をかくしけり

Im Schneefeld,

wo selbst das Wintergras

nicht gesehen werden kann,

versteckt sich ein weißer Reiher

in seiner eigenen Form.

とどまらぬ
日影の駒の
行すえに
のりの道うる
人ぞ少なき

Die Zeit fliegt vorbei

wie ein galoppierendes Pferd

ins gleißende Sonnenlicht,

doch auf dem Dharma-Weg

reiten nur wenige.

山のはの
ほのめくよひの
月影に
光もうすく
とぶほたるかな

Das sanfte Glimmen

eines Glühwürmchens,

als der Bergkamm schwach

unter trübem Mondlicht erscheint.

Unbeständigkeit (Mujô)

世中は
何にたとへん
水鳥の
はしふる露に
やどる月影

Mit was kann man die Welt vergleichen?

Mondlicht gespiegelt

in Tautropfen,

vom Schnabel eines Reihers verstreut.

Zwei Gedichte aus der Bergklause (Sanko nishu)

立ちよりて
かげもうつさず
渓川の
ながれて世にし
出でんとおもへば

Im Fluss,

der in die staubige Welt drängt,

kann sich meine fließende Form

nicht spiegeln.

山ずみの
友とはならじ
峯の月
かれも浮世を
めぐる身なれば

Der Mond jenseits des Gipfels

ist kein Kamerad dieses Bergbewohners,

denn er wandert umher,

um sein Licht auf die dahinfließende Welt zu werfen.

[Zusätzliche Gedichte]

にほの海や
矢橋のおきの
渡し舟
おしても人に
あふみならばや

Die Fähre vor der Küste

Yabases am Biwa-See –

sollte ich wirklich andere Menschen treffen,

mich gar dazu drängen lassen?

何のけぶりの
数多立つらん
海士のすむ
里には家も
つずかぬに

Welch riesige Rauchsäulen

lassen sie erstehen,

wo sich doch gar nicht viele Häuser

im Dorf des Seemanns erstrecken?

SHÔBÔGENZÔ ZUIMONKI

Eines Tages wies der selige Meister auf Folgendes hin: Man sollte erkennen, dass der Mensch, wenn er zu Hause geboren ist und von dort aus seinen Beruf antritt, in erster Linie seinen Familienberuf ausüben soll. Was nicht zu seinem Beruf, was nicht zu seiner Lebenssphäre gehört, soll man weder wissen noch betreiben. Was nun den Einsiedler betrifft, wenn er sich zum Buddhismus bekennt und Mönch wird, so muss er unter allen Umständen dessen Pflichten lernen. Dessen Beruf zu lernen und dessen Gesetz zu erfüllen, heißt: seinen Eigensinn abwerfen und den Lehren weiser Priester folgen. Das Wesentliche dabei ist die Habgierlosigkeit. Um habgierlos zu werden, muss man zuallererst sich selbst entsagen. Die beste geistige Übung zur Selbstentsagung ist die Erkenntnis von der Vergänglichkeit der Welt. Viele weltliche Menschen wollen, dass sie von den anderen – von ihrer eigenen Meinung ganz zu schweigen – für gut gehalten und auch laut so bezeichnet werden. Doch sie werden weder dafür gehalten, noch so bezeichnet. Wenn sie aber allmählich ihren Eigensinn abwerfen und den Worten weiser Priester folgen, können sie Fortschritte machen. Diejenigen, die sprechen, als ob sie die Wahrheit kennten, die sagen, dass sie trotzdem ihre eigenen Dinge betreiben, und die in Liebe zu ihrem Eigensinn handeln, verfallen immer mehr. Das beste Mittel, ein guter Zen-Mönch zu werden, ist, ausschließlich Zazen zu üben. Ohne Unterschied von klug und dumm, von scharfsinnig und stumpfsinnig, wird man von selbst gut, wenn man Zazen übt.

Der selige Meister wies auf Folgendes hin: Gelehrsamkeit und große Belesenheit sind uns unerreichbar. Man muss entschieden verzichten, überhaupt davon zu denken. Das, worauf es ankommt, ist, bei einer Sache die Gesinnung und die alten Sitten und Bräuche zu lernen, die Praxis der Vorgänger zu befolgen, und vor allem eine Sache ausschließlich zu betreiben, ohne sich als Meister und Führer auszugeben.

Eines Abends sprach der selige Meister: Tadle und beschimpfe keinen Mönch mit böser Zunge! Selbst wenn die schlechten Menschen Unrichtiges tun, soll man sie doch nicht ohne weiteres beschimpfen. Wie schlecht sie zunächst auch sein mögen, wenn sich mindestens vier von ihnen zusammenschließen, machen sie eine Mönchsgemeinschaft aus und sind ein Schatz des Staates. Diese aber sollen wir aufrichtig verehren. Sei es der Hauptpriester oder der Obere, sei es der Meister oder der weise Priester, falls ihre Schüler schlecht sind, sollen sie sie mit Barmherzigkeit und Besorgtheit lehrend leiten. Wenn sie dann auch den, der es verdient hat, schlagen und den, der es verdient hat, tadeln, so dürfen sie ihn doch nie mit solchen Schimpfworten schmähen wollen.

Als Nyozo, mein verstorbener Meister, in seinem Kloster Hauptpriester war, erteilte er bei der Zazen-Übung der Mönche in der Zazen-Halle den Eingeschlafenen dadurch eine Rüge, dass er sie mit seinem Schuh schlug und mit Scheltworten tadelte. Von ihm jedoch geschlagen zu werden war für alle Mönche etwas, was sie freudig bewunderten. Gelegentlich sagte er auch einmal bei der Predigt in der Vortragshalle: „Ich bin nun schon alt, sollte mich also von der Mönchsgemeinschaft zurückziehen, in einer Einsiedelei leben und mein hohes Alter besorgen. Doch ich bleibe euer Oberer, um als Priester, der euch alle leitet, jeden aus seinem Irrtum zu reißen und ihm den Weg zu weisen. Aus diesem Grunde gebrauche ich bald Schimpfworte, bald schlage ich euch mit dem Bambusstock oder auch mit der Hand. Das bekümmert mich sehr. Doch ist das ein Verfahren buddhistischer Erziehung an Buddhas statt. Also verzeihet es barmherzig, meine Brüder!" Als er so sprach, da weinten alle Mönche. Solche Gesinnung ist also nötig, um die Menschen zu bilden und zu erziehen. Selbst dem Oberen oder dem Ältesten ist es nicht erlaubt, die Mönchsgemeinde willkürlich zu beherrschen und sie zu schelten, als ob sie sein persönliches Eigentum wäre. Noch falscher ist es, die Mängel anderer hervorzuheben oder deren Fehler zu tadeln ohne Berechtigung dazu. Davor müsst ihr euch besonders in Acht nehmen. Wenn man die Fehler anderer sieht, sie für schlecht hält und sie freundlich darüber belehren will, soll man es, um sie nicht zu kränken, so tun, als ob man von einer anderen Sache spräche.

Eines Abends sprach der selige Meister: In alten Zeiten lebte ein General namens Rochuren. Im Land von Heigenkun bezwang er tapfer die Feinde des Kaisers. Als Heigenkun ihm zur Belohnung viel Gold und Silber geben wollte, lehnte er es ab und sagte, er habe den Feind nur besiegt, weil das seine Pflicht als General sei. Er habe es nicht getan, um eine Belohnung dafür zu bekommen. Und so bestand er darauf, keinen Lohn zu nehmen. Das ist die berühmte Unbestechlichkeit Rochurens. Auch der Laie, wenn er weise ist, tut nur, was er innerhalb seines Wirkungskreises kann. Er will keinen Lohn dafür. Die Gesinnung des Studierenden soll ebenso sein. Er darf keinen Gewinn dafür erwarten, dass er den Weg Buddhas einschlägt und alles für die buddhistische Lehre tut. Das wichtigste Gebot aller innerlichen und äußerlichen Lehren ist, dass man ohne Gewinnsucht handeln soll.

Der selige Meister wies hin auf die alte Geschichte vom religiösen Erwachen eines Mannes namens Chikaku und seines Eintritts in ein Kloster: Dieser Meister war zuerst Beamter, ein talentvoller, ehrlicher, weiser Mann. Als Gouverneur nahm er öffentliche Gelder, die er als Almosen verteilte. Ein anderer berichtete das dem Kaiser, der sich, als er davon hörte, sehr darüber wunderte. Auch alle anderen wunderten sich sehr. Weil sein Vergehen keineswegs leicht war, wurde beschlossen, das Todesurteil über ihn zu fällen. Darauf beriet sich der Kaiser mit seinen Räten und sagte: „Dieser Untertan ist ein fähiger, weiser Mann. Trotzdem hat er jetzt mit Vorbedacht dieses Verbrechen begangen. Wahrscheinlich hatte er dabei eine tiefere Absicht. Wenn er also bei der Enthauptung traurig und betrübt aussieht, köpft ihn sofort! Wenn er aber nicht so aussieht, hat er sicher einen tieferen Gedanken gehabt; dann köpft ihn nicht!“ Als der kaiserliche Bote den Gouverneur also ergriff und enthaupten wollte, zeigte er kein betrübtes, sondern im Gegenteil ein frohes Aussehen, und sagte sogar: „Mein diesseitiges Leben bringe ich zum Opfer für alle Lebewesen.“ Der kaiserliche Bote wunderte sich und erstattete dem Kaiser Bericht. Der Kaiser geruhte zu sagen: „Ja, zweifellos hatte er eine tiefere Absicht. Ich erwartete im Voraus, dass es so kommen würde.“

Damit befragte ihn der Kaiser über seinen Vorsatz. Der Meister antwortete: „Dadurch, dass ich von meinem Amt zurücktrete, mein Leben opfere und Almosen gebe, will ich mit allen Lebewesen in Verbindung treten und als ein Anhänger des Buddhismus wiedergeboren werden, damit ich mit Eifer nach der buddhistischen Lehre lebe.“ Der Kaiser, voll von Bewunderung darüber, erlaubte ihm, in ein Kloster einzutreten, und gab ihm deswegen den Namen „Enju“, denn er war zum Tode verurteilt, aber begnadigt worden. Die Mönche der Gegenwart sollten sich einmal ein so edles Ziel wie dieses stecken. Sie sollen sich entschließen, sich wenig aus ihrem Leben zu machen, mit allen Lebewesen tiefes Erbarmen zu haben und selbst den buddhistischen Geboten nachzukommen. Wenn sie von vornherein nur ein Stück dieser Gesinnung haben, sollen sie diese behalten, anstatt sie zu verlieren. Es ist unmöglich, zur buddhistischen Erleuchtung zu gelangen, ohne einmal so einen heiligen Entschluss zu fassen.

Eines Abends sprach der selige Meister: Das traditionelle Mittel, Predigten der Zen-Lehre in unserer Sekte zu begreifen, ist Folgendes: das eigene früher bereits Erkannte und Gedachte den Worten des weisen Priesters gemäß nach und nach zu verbessern. Seinem hergebrachten Wissen nach kennt man Shakyamuni und Amida, die mit hervorragenden Körperzügen, mit dem Strahlenkranz und mit der Tugend der Predigt und der Gnade begabt waren, als Buddhas. Wenn aber der Meister sagt, dass die Kröten oder die Regenwürmer Buddhas sind, so soll man eben diese voll Überzeugung für Buddhas halten und sein übliches Begreifen aufgeben. Auch wenn man nun in diesen Regenwürmern die hervorragenden Körperzüge und das Licht

Buddhas und die verschiedenen Buddha zugehörigen Tugenden erblickt, so hat man damit noch nicht seine gefühlsmäßige Ansicht geändert. Nur das, was man im Augenblick wirklich sieht, soll man als Buddha erkennen. Wenn man also nach den Worten des Meisters allmählich seine gefühlsmäßigen, am Menschlichen haftenden Anschauungen verbessert, wird man von selbst mit den Ansichten des Meisters übereinstimmen. Weil aber die neuzeitlichen Gelehrten im Gegensatz dazu an ihren eigenen Meinungen kleben und aufgrund ihrer eigenen Auffassungen glauben, dass der Buddha so und so sein solle, und weil sie das, was von ihren Erkenntnissen etwa abweicht, verneinen und nun umherziehen, um Ähnliches wie ihre eigenen Meinungen zu finden, können sie meistens keine Fortschritte im Buddhismus machen. Wenn ihnen andererseits befohlen würde, sich ohne Rücksicht auf ihr Leben auf eine Stange zu klettern und sie in 100 *shaku*[45] Höhe loszulassen und den letzten Schritt zu tun, dann erklären sie, um nicht ernstlich dem Meister folgen zu müssen, dass das Leben die Hauptsache fürs Studium des Buddhismus sei. Darüber sollte man tief im Herzen nachsinnen.

Eines Abends sprach der selige Meister: Auch die Menschen der Welt sollen lieber eine Sache so gut lernen, dass sie diese besser als andere machen können, statt vieles zu gleicher Zeit zu studieren und keins davon wirklich gut machen zu können. Besonders ist der unweltliche Buddhismus die Lehre, die man seit der anfanglosen Vergangenheit bis heute niemals erlernt hat. Deshalb steht man ihm auch jetzt fremd gegenüber. Des Menschen eigene Natur ist außerdem schlecht. Wenn man im weitreichenden Buddhismus viele Sachen zusammen lernen will, kann man in keiner einzigen etwas leisten. Selbst dazu, ausschließlich eine Sache völlig zu meistern, sind die minderwertigen Naturen im diesseitigen Leben nicht imstande. Die Studierenden sollten daher mit Eifer ausschließlich eine Sache betreiben.

---

[45] Ein *shaku* entspricht etwa 31 cm.

Ejo fragte: „Wenn es so ist, was für eine Übung soll man nach der buddhistischen Lehre ausschließlich und mit Liebe betreiben?"

Der selige Meister antwortete: „Das ist dem angeborenen Charakter und der Anlage nach verschieden, aber was jetzt in der Zen-Sekte überliefert und ausschließlich betrieben wird, ist Zazen. Diese Übung passt gut zu allen Naturen, sie ist diejenige Form der Lehre, die alle, gleich ob geistig hoch oder gering, ausüben können. Nachdem ich unter der Führung des verstorbenen Meisters in seinem Kloster diese Wahrheit gehört hatte, übte ich Zazen regelmäßig bei Tag und Nacht. Die anderen Mönche aber gaben im tiefsten Winter und Hochsommer eine Weile das Zazen auf, weil sie sich vor einer Erkrankung fürchteten.

Wozu nützt es, dass ich diesen Körper schonend gebrauche und nicht krank werde, weil ich nicht Zazen übe? Wenn ich erkranke und sterbe, werde ich ganz zufrieden sein. Es ist wenigstens ein günstiges Verhältnis zum Buddhismus, wenn ich als guter Mönch beurteilt werde, nachdem ich unter der Leitung des weisen Priesters im Kaiserreich China an der Übung des Zazen gestorben bin. Wenn ich in Japan sterbe, werde ich, als Unreifer, mit keinerlei Riten nach den buddhistischen Gesetzen behandelt werden. Wenn ich dagegen während der Zazen-Übung sterbe, bevor ich zur Erleuchtung gelange, könnte ich wegen der Beziehung zum Buddhismus in einer buddhistischen Familie wieder geboren werden. Ohne Zazen-Übung meinen Körper lange zu erhalten ist nutzlos. Wie müsste ich es besonders bereuen, wenn ich unerwartet ins Meer fiele oder eines unnatürlichen Todes stürbe, während ich meinen Körper gesund halte und mit keiner Krankheit rechne. Als ich in dieser Weise fortwährend nachdachte und voll Entschiedenheit bei Tag und Nacht Zazen übte, erkrankte ich überhaupt nicht. Jetzt mögt auch ihr unverwandten Blicks Zazen zu üben versuchen. Zehn von Zehn können die Wahrheit erkennen. So war die Predigt des verstorbenen Meisters.

Der selige Meister wies auf Folgendes hin: Wer den buddhistischen Weg studiert, darf sich um seine Nahrung und Kleidung nicht kümmern. Beobachte allein die buddhistischen Gebote und betreibe keine weltlichen Geschäfte! Buddha sagte: „Es gibt als Kleidung weggeworfene Fetzen, als Nahrung dauerndes Almosenbetteln." In welchem Zeitalter kommt es dahin, dass diese beiden Dinge nicht mehr da sein werden? Du darfst nicht die eilende Vergänglichkeit übersehen und dir nicht um weltliche Angelegenheiten nutzlose Sorgen machen. Solange das kümmerliche und kurze Dasein besteht, sei der buddhistischen Lehre eingedenk und betreibe keine andere Sache!

Einer fragte den seligen Meister: Obgleich wir uns von den zwei Wegen zum Ruhm und zum Reichtum schwer freimachen können, müssen wir sie doch abwerfen, weil sie der religiösen Übung als große Hindernisse im Wege stehen. Deshalb werfen wir sie denn auch tatsächlich ab. Nahrung und Kleidung, diese zwei sind zwar kleine Angelegenheiten, aber für die Übenden sind es große Dinge. Weggeworfene Fetzen zu tragen und dauernd um Almosen zu betteln sind Taten hochstehender Naturen, und zwar sind das ursprünglich indische Gebräuche. Die Klöster in China besitzen erbliches Hab und Gut. Deswegen braucht man dort dafür nicht zu sorgen. In den buddhistischen Klöstern unseres Landes gibt es kein erbliches Hab und Gut. Die Sitte des Almosenbettelns ist auch ausgestorben und nicht mehr überliefert. Wie sollen wir Minderwertig-Unzulänglichen handeln? Wenn ich also meinerseits von den Gönnern Gaben begehre, gerate ich in die Sünde des verdienstslosen Empfangens. Ackerbau, Handel, Industrie oder Ritterhandwerk zu betreiben ist auch eine unrichtige Lebensführung für den Mönch. Wenn ich mich nur in mein Schicksal ergeben will, ist mein Geschick armselig. Wenn Hunger oder Kälte kommt, könnte ich vor Kummer darüber meine religiöse Praxis unterbrechen. Einer aber belehrte mich: „In deiner Ausübungsweise gehst du zu weit. Es ist, als ob du von dem Zeitalter nichts wüsstest und deine Anlage nicht prüftest. Wir sind von minderwertiger Natur. Wir leben in einem untergehenden Zeitalter. Wenn du auf diese Weise deine religiöse Praxis ausübst, könntest du dadurch auch zurückschreiten. Du magst also entweder einen Gönner für dich erflehen oder einen Unterstützer bekommen, um zurückgezogen an einem stillen Ort, auf dich allein gestellt, ohne Sorge um Nahrung und Kleidung, friedlich die buddhistische Lehre auszuüben. Dies bedeutet kein Begehren nach Besitz, sondern sich einen vorläufigen Lebensunterhalt zu erwerben. Dementsprechend sollst du die religiöse Praxis ausüben.“ Ich habe diese Worte gehört, aber ich kann ihnen noch nicht glauben. Wie soll unsere Gesinnung in diesem Falle sein?

Der selige Meister antwortete: Du sollst nur das vorgeschriebene Betragen des Mönchs und die buddhistische Tradition lernen. In den drei Ländern (Indien, China, Japan) ist es ja verschieden, aber die wahren Jünger des Buddhismus hat noch nie Not an Nahrung und Kleidung befallen. Nur darfst du den weltlichen Angelegenheiten nicht zugeneigt sein. Du sollst unverwandten Blickes den buddhistischen Weg studieren. Buddha sagte: „Außer Mönchskleid und Bettelnapf dürft ihr gar nichts zurücklegen! Den Überfluss des Zusammengebettelten gebt den hungrigen Lebewesen als Almosen!“ Auch wenn ihr mit Almosen heimkehrt, dürft ihr gar nichts davon zurücklegen, geschweige denn den Almosen nachjagen. In einem nichtbuddhistischen Text steht: „Wenn ich am Morgen die Wahrheit erkannt habe, kann ich am Abend beruhigt sterben.“ Auch wenn ihr vor Hunger oder durch Erfrieren stürbet, folgt der buddhistischen Lehre, und wenn es nur für einen Tag oder eine Stunde wäre! Wie viel Mal werden wir geboren und sterben in der Ewigkeit der unzähligen Lebensgänge! Dies alles beruht eben auf unserer Anhänglichkeit und dem hartnäckigen Festhalten an der Welt. Wenn ich in diesem Leben einmal infolge der buddhistischen Gebote verhungern sollte, wäre dies die ewige Seligkeit. Zudem habe ich noch nicht gehört, dass es, den gesammelten buddhistischen Schriften nach, in den drei Ländern unter den Stiftern, die die Lehre des Buddhismus überlieferten, auch nur einen Verhungerten oder Erfrorenen gegeben hätte. Mit unserer Geburt steht uns ein bestimmter Anteil an Nahrung und Kleidung in der Welt zu. Dieser Anteil ist uns nicht immer mittels unseres Verlangens zugänglich, auch ohne Verlangen könnten wir ihn erlangen. Kümmere dich also nicht darum, sondern ergebe dich in dein Schicksal! Wenn man sich in diesem Dasein deshalb nicht entschließt, zur Erleuchtung zu gelangen, weil das Zeitalter ein untergehendes ist, in welchem Leben sollte man die Wahrheit sonst erkennen können?

Einer fragte den seligen Meister: Ich möchte lieber nach der Lebensweise der Laien laienhafte Angelegenheiten treiben, ein langes Leben genießen und mich fleißig üben, als lasterhaft die Gaben der Menschen und der himmlischen Wesen ohne Verdienst zu empfangen und vergebens meinen Anteil an dem von Buddha gegebenen Glück ohne Frömmigkeit zu verwenden. Wie denkt Ihr darüber?

Der selige Meister antwortete: Wer hat gesagt, dass man lasterhaft und ohne Frömmigkeit sein soll? Man soll nur fromm zu sein wagen und die buddhistische Lehre ausüben. Umso mehr, weil es geschrieben steht, dass der Anteil des Glücks ihnen von Buddha gleichmäßig zuteilwird, ohne Rücksicht auf Laster und Tugendhaftigkeit, ohne Unterschied von Anfängern und Unreifen. Es steht jedoch nicht geschrieben, dass man aus der Mönchsgemeinschaft austreten solle, falls man lasterhaft wäre, und sich nicht schulen solle, falls man nicht fromm wäre. Wer hat von Anfang an Frömmigkeit? Wenn man also die schwer zu erregende Sehnsucht nach *Bodhi* (Erwachen) erregt und sich die Ausübung schwer macht, wird man von selbst Fortschritte machen. Jeder einzelne Mensch ist von Natur Buddha. Du darfst dich also nicht unüberlegt demütigen. Auch in den Klassikern steht: „Durch eine Persönlichkeit gedeiht ein Staat, wegen eines jüngeren Narren geht ein älterer Weiser zugrunde.“ Das bedeutet: Wenn ein Weiser im Staat erscheint, so gedeiht dieser; wenn ein Dummkopf aufkommt, so geht das Hinterlassene des älteren Weisen zugrunde. Überlege dir das mal!

Der selige Meister wies auf Folgendes hin: Diejenigen, die den Weg studieren, sollen besonders darauf Bedacht nehmen, dass es ihre Aufgabe ist, die weltliche Gesinnung abzuwerfen. Das heißt: der Welt zu entsagen, die Familie zu verlassen, sich selbst zu entsagen und den Eigensinn aufzugeben. Das sollen sie sich gründlich überlegen. Manche wollen ihre alte Familienlinie nicht erlöschen lassen und denken an ihre näheren und weiteren Verwandten, auch wenn sie von der Welt zurückgezogen ruhig in den Bergen oder Wäldern leben. Auch diejenigen, die zwar der Welt entsagt, ihre Familien verlassen und sich ihren Verwandten entfremdet haben, die jedoch aus Eigenliebe Schwierigkeiten vermeiden und Dinge, bei denen ihnen eine Krankheit droht, nicht ausführen wollen, selbst wenn es sich um buddhistische Angelegenheiten handelt, entsagen sich selbst noch nicht. Aber auch diejenigen, die sich zwar Entbehrungen auferlegen ohne Rücksicht auf ihre eigene Person, die jedoch ihre Gesinnung noch nicht in den Buddhismus mitbringen und das, was von ihrer eigenen Meinung abweicht, selbst wenn es sich um Buddhistisches handelt, nicht tun wollen, haben ihre Gesinnung noch nicht abgeworfen.

Der selige Meister wies auf Folgendes hin: Wenn der Ausübende der buddhistischen Lehre vor allem seine Gesinnung bewältigen kann, ist es ihm leicht, seiner eigenen Person und der Welt zu entsagen. Es rührt noch von seiner weltlichen Gesinnung her, wenn er, ob mit Worten oder mit Taten, sich um das Urteil anderer bekümmert [...]

Eines Abends sprach der selige Meister: Als Kaiser Taiso (Tai-zong) in der Tang-Dynastie herrschte, erstattete ihm Gicho (Wei-cheng) Bericht darüber, dass die einheimische Bevölkerung und auch andere den Kaiser verleumden. Der Kaiser sagte: „Wenn ich tugendarmer Mann gütig bin und dennoch von anderen verleumdet werde, brauche ich darum nicht bekümmert zu sein; wenn ich aber nicht gütig bin und doch von anderen gepriesen werde, so bekümmert mich das." Wenn selbst ein Laie so denkt, so soll der Mönch noch viel eher solche Gesinnung haben. Er kann unbekümmert sein, wenn er gütig und fromm ist und trotzdem von albernen Menschen verleumdet wird. Wenn man aber trotz seiner Unfrömmigkeit von anderen für fromm gehalten wird, muss man besonders aufmerksam sein.

Der selige Meister wies weiter auf Folgendes hin: Kaiser Buntei (Wen-di) aus der Sui-Dynastie sagte einmal: „In der Stille übe ich die Tugend und warte darauf, dass ich davon ganz durchdrungen bin." Damit ist gemeint: Für das Volk trug er Sorge, indem er gute Tugenden übte und darauf wartete, von ihnen ganz durchdrungen zu werden. Wenn ein Mönch ihm noch nicht gleichkommt, muss er besonders vorsichtig sein. Auch wenn man nur innerlich tugendhaft ist, so drückt sich naturgemäß die Tugendhaftigkeit auch äußerlich aus; wenn man also ohne Erwartung und ohne Hoffnung auf die Bestätigung durch andere ausschließlich in der buddhistischen Lehre und auf dem Wege voranschreitet, den die vorangegangenen buddhistischen Glaubensväter betreten haben, so muss man mit Notwendigkeit zur Tugend gelangen. An diesem Punkt kommt es leicht zu einem Irrtum des Studierenden derart, dass er selbst und auch die anderen es für einen Ausdruck von Tugendhaftigkeit halten, wenn jemand von den Menschen verehrt wird und Reichtümer sammeln kann. Gerade darin sollte er das Besessensein vom Dämon erblicken und ernsthaft darüber nachdenken. In der Lehre heißt es: Dies ist eine Dämonentat. Ich habe nie gehört, dass es richtig sei, großen Reichtum und das Geachtetsein bei Dummköpfen für Tugendhaftigkeit zu halten, wenigstens nicht nach Beispielen in den drei Ländern. Die sogenannten frommen Menschen sind in den drei Ländern alle arm; man nennt diejenigen die wahren Ausübenden, die Askese üben, alles vereinfachen und gütig und fromm sind. Ausdruck der Tugendhaftigkeit bedeutet daher nicht Wohlhabenheit und Stolz auf reiche Geschenke von anderen. Es gibt drei Stufen für das Bekanntwerden der menschlichen Tugendhaftigkeit: Erst wird vom Menschen bekannt, dass er den Weg ausübt, dann erscheinen Nachfolger, die nach seinem Wege Sehnsucht haben, und schließlich studieren und üben sie denselben Weg mit ihm zusammen aus. Dies heißt das Bekanntwerden der Tugendhaftigkeit.

Eines Abends sprach der selige Meister: Derjenige, der den Weg studiert, soll sein menschliches Gefühl abwerfen. Menschliches Gefühl abwerfen heißt: der buddhistischen Lehre folgen. Die meisten Menschen in der Welt unterscheiden in ihrem Hinayana-buddhistischen Sinn das Gute vom Bösen, das Recht vom Unrecht, so dass sie das Rechte annehmen und das Unrechte aufgeben. Das alles beruht auf Hinayana-buddhistischem Denken. Wirf nur erst die weltliche Gesinnung ab und wende dich dem wahren Buddhismus zu! Um sich dem wahren Buddhismus zuzuwenden, muss man Gedanken über die bisher erlernte buddhistische Lehre aufgeben und allmählich seine Ideen den jetzt vorliegenden Worten und Taten der Glaubensväter unterordnen. Wenn man das also tut, dann kann man sowohl in seiner Weisheit Fortschritte machen als auch erleuchtet werden. Man soll auch das, was man aus seinem bisherigen Studium der Schriften der Schule der Lehre erworben hat, abwerfen, sofern dieses Abwerfen vernünftig ist, und es nach der neuen Auffassungsweise begreifen. Der Zweck des Studiums der buddhistischen Lehre ist natürlich unsere Erlösung und Erleuchtung. Man mag vielleicht noch in seinem Innern denken: Viele Jahre habe ich in meinem Studium schöne Leistungen vollbracht; wie könnte ich sie leicht abwerfen! Gerade diese Gesinnung aber nennen wir die am Leben und Tod klebende. Darüber sinne ernsthaft nach!

Eines Abends sprach der selige Meister: Der verstorbene Sojo Eisai sagte: „Du darfst nicht meinen, dass ich es sei, der Nahrung und Kleidung und andere Sachen gibt, die jeder in der Mönchsgemeinschaft genießt. Dies alles verschaffen uns die himmlischen Mächte. Ich spiele nur die Rolle des Vermittlers. Außerdem ist jeder mit einem bestimmten irdischen Lebensbedarf versehen. Laufe also nicht danach herum! Und bedanke dich für all solches nicht bei mir!“ Darauf wies er immer wieder hin. Ich glaube, dieses sind besonders schöne Worte.

Unter der Führung von Wanshi Shogaku (Hongzhi) hatte Tendos Kloster einen Vorrat für 1000 Menschen. Trotz dieses Vorrats also für insgesamt 1000 Menschen, d. h. für 700 Mönche in der Zazen-Halle und für 300 Priester außerhalb von ihr, waren 1000 in der Zazen-Halle, in der sie sich in Schwärmen zusammenfanden, weil der vortreffliche Obere dort wohnte. Außer ihnen waren noch weitere 500 bis 600 da. Ein Verwalter des Klosters beklagte sich bei Wanshi darüber und sagte: „Unser Vorrat reicht für 1000 Menschen. Nun aber haben sich viele Priester und Mönche zusammengefunden und infolgedessen genügt er nicht für sie. Heißt sie fortgehen, auch wenn es Eurem Herzen nicht entspricht!“ Hierauf erwiderte Wanshi: „Jeder Mensch hat seinen Mund. So geht dich das weiter nichts an. Klage nicht darüber!“ Dies ist so gemeint: Jedem Menschen sind Nahrung und Kleidung mit der Geburt bestimmt. Weder durch das Denken kommen sie zu uns, noch kommen sie nicht, wenn wir nicht danach streben.

Selbst der Laie, dem Schicksal überlassen, denkt an die Loyalität und lernt die kindliche Pietät. Wie könnten sich demgegenüber die Mönche überhaupt mit anderen Dingen als religiösen beschäftigen? Sie sind von Shakyamuni mit dem Glück gesegnet, das er uns nach seinem Tode hinterließ. Es gibt für sie außerdem die von den himmlischen Mächten gegebene Nahrung und Kleidung. Zudem haben sie noch den von Natur mit der Geburt gegebenen Lebensbedarf. Auch wenn sie es nicht verlangen und sich danach sehnen, muss mit Naturnotwendigkeit ihr Lebensbedarf ihnen erteilt sein. Auch wenn sie nach diesen Gütern umherlaufen und sie schon besitzen, wie wäre es, wenn der Tod plötzlich zu ihnen käme? Daher sollen sich die Studierenden gar keiner anderen Sache befleißigen als der des eifrigsten Studiums des buddhistischen Weges.

Weiter sprach der selige Meister: Einer sagte: „Zur Förderung des Buddhismus im untergehenden Zeitalter und in einer entlegenen Gegend wäre es recht nützlich, wenn man in einem stillen Ort ein zurückgezogenes Leben führte und bei ausreichender Nahrung,

Kleidung und dergleichen ohne Sorge um ihre Beschaffung die buddhistische Lehre ausübte." Wenn ich jetzt darüber nachdenke, muss ich sagen: Nein! Das wäre falsch. Denn das wird dazu führen, dass sich die eigensinnigen, an irdischen Dingen haftenden Menschen zum Studieren sammeln; aus ihnen aber ginge kein religiös Erwachter hervor. Es wäre schlimmer als wenn niemand da wäre, und wenn sich zehn Millionen derjenigen, die nach Gewinn und Geld begehren, sammelten. Denn hier häuft sich naturgemäß nur das Karma zu den schlechten Welten und es findet sich keine Spur vom Buddhismus. Wenn man dagegen in ehrlicher Armut und schwerer Not, bald bettelnd, bald die Früchte und Beeren der Felder essend, immer hungrig den buddhistischen Weg studiert, könnte vielleicht ein Mann davon hören und zum Studieren zu ihm kommen wollen: das wäre dann wahrscheinlich ein echter Frommer (...)

Das Leben in Not und ehrlicher Armut und ohne Mitübenden einerseits und Ansammlung vieler Menschen in gutem Auskommen andererseits – das bedeutet für die Förderung des Buddhismus keinen Unterschied.

Ferner sprach der selige Meister also: Die meisten Menschen der Gegenwart halten das Schaffen buddhistischer Statuen und die Errichtung von Pagoden für eine Förderung des Buddhismus. Auch dies ist nicht richtig. Selbst wenn ein hohes Gebäude mit geschliffenen Edelsteinen und ausgehämmertem Gold geschmückt wäre, so könnte doch durch solchen Anblick keiner zur Erleuchtung gelangen; nur dass man damit den Reichtum der Laien in die buddhistische Welt überführte, wäre eine glückbringende gute Tat zu nennen. Andererseits kann dabei aus einer kleinen Ursache eine große Wirkung entstehen, aber es gilt nicht als Förderung des Buddhismus, wenn die Mönchsgemeinschaft solches tut. Das wäre jedoch die wahre Förderung des Buddhismus, dass man, sei es in einer Klause oder unter den Bäumen, auch nur über einen einzigen Satz der buddhistischen Lehre nachdenkt und eine Weile Zazen übt. Jetzt zum Beispiel sammle ich Beiträge und entwerfe allerlei für den Bau der

Zazen-Halle; das aber halte ich nicht gerade für eine Förderung des Buddhismus. Da man heutzutage den buddhistischen Weg nicht studiert und seine Zeit müßig hinbringt, habe ich mich dazu entschlossen, weil ich es für besser hielt, als untätig zu leben. Es beruht auf meinem Wunsch, den Verlorenen eine Anknüpfungsmöglichkeit zu bieten, und es hat außerdem den Zweck, denen, die den Weg heute studieren wollen, ein Kloster für ihre Geistesübungen zu geben. Selbst wenn das entworfene Werk nicht vollendet würde, würde ich es nicht bedauern. Wenn ich auch nur einen Pfeiler errichtete, werden meine Nachfolger diesen Umstand verstehen; es würde nichts schaden, wenn man mein entworfenes Werk für unvollendet hielte.

Einer redete dem seligen Meister bei anderer Gelegenheit zu und sagte: „Damit der Buddhismus gedeiht, verlasse die Hauptstadt und gehe in die Region Kanto (Ostjapan).“ Da erwiderte der selige Meister: Nein, wenn man Interesse für den Buddhismus hat, so komme man, um ihn zu studieren, selbst über Berge, Flüsse, Ströme und Seen her! Denn wenn ich auch zu denen, die keinen solchen Wunsch haben, hinginge und sie belehrte, wäre es unsicher, ob sie mich hörten. Das aber würde entweder zum Betrügen der Menschen führen um meines Lebensunterhalts willen oder zum Begehren nach Reichtum. Da dies jedoch meinem Gewissen schmerzhaft wäre, ist es, glaube ich, nicht nötig, in die Kanto-Region zu gehen.

Eines Tages wies der selige Meister auf Folgendes hin: Als ich in China in einem Zen-Kloster Kernworte aus der Predigten der Alten betrachtete, fragte mich ein Frommer, ein Mönch aus Shisen (Sizuan): „Wozu siehst du die *Goroku*[46] an?“ Ich antwortete: „Damit ich die Taten der Alten erkenne.“ Der Mönch fragte: „Wozu nützt das?“ Ich erwiderte: „Damit ich nach der Rückkehr in meine Heimat die Menschen unterrichte.“ Er fragte: „Und wozu nützt das?“ Ich

[46] Eine Sammlung von Aussprüchen vergangener Meister.

antwortete: „Um den Menschen Gnade zu spenden." Er fragte weiter: „Und wozu nützt letzten Endes das?" Wie ich nachher über den tieferen Gehalt dieser Fragen nachdachte, über die Lektüre der *Goroku* und der Koan, um aus ihnen die Taten der Alten zu erkennen und mit ihnen die Verlorenen zu belehren, da kam ich zu der Erkenntnis, dass dies für die Ausbildung der eigenen und fremden Persönlichkeit im Grunde nutzlos ist. Wenn man dagegen durch ausschließliche Zazen-Übung zur Erleuchtung gelangt ist, kann man sein Erleben bei der Unterweisung anderer gar nicht ausschöpfen, auch wenn man kein einziges Schriftzeichen kennt. Darum fragte ja jener Mönch, wozu es letzten Endes nützte. Weil ich diese Erkenntnis für eine echte Wahrheit nahm, hörte ich seither auf, *Goroku* und dergleichen zu betrachten. Allein durch Zazen-Übung unter Hingabe von Leib und Seele konnte ich zur Erleuchtung gelangen.

Eines Abends sprach der selige Meister: Sei nicht von andern verehrt, ohne wahre innere Tugend zu haben! Weil die Leute in diesem Land keine wahre innere Tugend kennen und die Menschen nach ihrem Aussehen verehren, werden damit die frömmigkeitslosen Studierenden auf den schlechten Weg niedergezogen, so dass sie zum Anhang des Teufels werden. Verehrt zu werden ist leicht. Doch das Aussehen, als ob man sich selbst und der Welt entsagte, ist nur ein äußerlicher Schein. Der wahre fromme Mensch ist gerade der, der gar keinen Unterschied von den weltlichen Menschen hat und sein Inneres beherrscht und leitet. Also sagte einer in alten Zeiten: „Innerlich leer und äußerlich folgend." Damit ist gesagt: Innerlich kennt man keine Egozentrizität und sein Aussehen passt man den anderen an. Wenn man seinen eigenen Leib und seine eigene Seele ganz vergisst, sich ganz zum Buddhismus bekennt und nach den buddhistischen Geboten lebt und sich übt, ist man innerlich und äußerlich zugleich gut, gegenwärtig und auch künftig. Auch wenn man sich selbst und der Welt im Allgemeinen entsagt, ist es selbst im Buddhismus nicht richtig, das aufzugeben, was man nicht aufgeben soll. Unter den Buddhisten und Frommen in diesem Lande sind manche, die, weil sie sich selbst entsagt haben, ohne Rücksicht auf die Beurteilung anderer, grundlos sich schlecht benehmen, oder mit dem Vorwand, dass sie an der Welt nicht hangen, etwa im Regen sich nass werden lassen. Dies ist innerlich und äußerlich nutzlos. Aber die Leute in der Welt halten gerade die für edle Menschen, die an der Welt nicht hangen. Diejenigen dagegen, die die buddhistischen Gebote beobachten, um ihr Wesen wissen und nach ihnen die eigene und fremde Ausbildung betreiben, nennt man ruhmredig und habgierig, und ignoriert sie. So zu handeln bedeutet jedoch in Wirklichkeit für den Betreffenden, dem Buddhismus zu folgen und die innere und äußere Tugend zu vollenden.

Eines Abends sprach der selige Meister: Diejenigen, die den Weg studieren, sollen nicht von den Leuten der Welt als Weise, als Gelehrte angesehen werden. Sie sollen auf jeden Fall die Lehre Buddhas, die sie kennen, predigen, wenn auch nur ein einziger wahrer Wahrheitssuchender da ist. Auch wenn er derjenige wäre, der sie töten wollte, sollten sie ihm ohne Groll predigen, sofern er von ganzen Herzen nach dem wahren Weg sucht. Es ist außerdem streng verboten, dass sie sich den Anschein geben, als ob sie von den buddhistischen und nicht-buddhistischen Texten und von denen der ausdrückenden und geheimen Sekten in der Schule der Lehre Kenntnis hätten. Wenn man kommt und nach solchem fragt, können sie ganz ruhig antworten, sie wüssten es nicht. Denn es ist sehr unrecht, wenn sie stattdessen diese umständlichen Schriften studieren und dazu allerlei weltliche Angelegenheiten und irdische Dinge kennen möchten, um den andern gegenüber den Anschein zu erwecken, als ob sie gelehrt wären, nur weil die Leute in der Welt die Unwissenheit für schlecht halten und weil es ihnen selbst auch unangenehm ist, zu erkennen, dass sie Dummköpfe sind. Solches ist in Wahrheit nutzlos für das Studium des buddhistischen Weges. Trotz ihres Wissens sich unwissend zu stellen ist aber auch nicht gut, denn das ist wichtigtuerisch und verursacht den andern Verdruss. Eine gründliche Unwissenheit schadet gar nichts.

Eines Abends sprach der selige Meister: Die meisten Menschen in diesem Lande kümmern sich, bald mit ihrem Benehmen, bald mit ihren Worten, um gut oder schlecht, recht oder unrecht, um das Sehen, Hören, Erkennen der andern Leute in der Welt, und sie halten sogar in die Zukunft hinein daran fest, dass man dies Handeln für schlecht, jenes für gut halten werden. Dies ist ganz falsch. Die Menschen der Welt sind nicht immer gut. Mögen sie meinen, was sie wollen. Man nenne mich etwa einen Verrückten! Es ist mir gleichgültig, was die Welt von mir denken mag, wenn ich das ganze Leben lang tue, was meiner Meinung nach der buddhistischen Lehre entspricht, und nicht tue, was ihr widerspricht. Abgeschiedenheit von der Welt heißt Unbekümmertheit um die Meinung der Welt. Wenn man nur die Taten der großen buddhistischen Glaubensväter und die Barmherzigkeit des Bodhisattva studiert, vor dem geheimen Licht der himmlischen Mächte und der guten Dämonen sich schämt und den buddhistischen Geboten gemäß handelt, so ist das völlig genug. Ebenso ist es aber falsch, wenn man zügellos Böses tut und ohne Scham ist, auch wenn man sich gar nicht darum kümmert, ob man von andern für schlecht gehalten wird. Nicht nach den Augen der Welt, sondern ausschließlich nach der buddhistischen Lehre soll man handeln. Im Buddhismus ist ja solche Zügel- und Schamlosigkeit verboten.

Weiter wies der selige Meister auf Folgendes hin: Auch nach der weltlichen Sitte wird es dem Himmel und den Dämonen gegenüber als schamlos getadelt, wenn man sowohl beim Umkleiden als auch beim Sich-Setzen oder Sich-Legen in zügelloser grober Weise etwa seine Schamteile nicht bedeckt, selbst wenn man von anderen nicht gesehen wird oder sich in einem finsteren Zimmer befindet. Man soll immer diejenigen Körperteile bedecken, die man bedecken soll, und sich dessen schämen, worüber man sich schämen soll, ganz abgesehen davon, ob man von anderen gesehen wird oder nicht. Genau so sind die Gebote auch im Buddhismus. Der Fromme soll sich darum ganz gleich, ob in oder außer dem Hause, ob im Licht oder im Schatten, die buddhistischen Gebote zu Herzen nehmen und nichts Böses tun, auch wenn er von anderen nicht gesehen wird.

Eines Tages fragte den seligen Meister ein Studierender: „Ich studiere schon lange konsequent den buddhistischen Weg, aber ich bin noch nicht zur Erleuchtung gelangt. Die Alten sagen meist, dass die Wahrheit weder von Klugheit und Intelligenz abhängig ist, noch Weisheit und Scharfsinn nötig hat. Das habe ich so verstanden, dass man sich seiner angeborenen Dummheit und Minderwertigkeit nicht schämen soll. Ob es auf diesem Gebiet wohl irgendeine traditionelle Methode geistiger Übung gibt?"

Da wies der selige Meister auf Folgendes hin: Ja, das wahre Studium des buddhistischen Weges hat Weisheit und Talent nicht nötig und ist von Klugheit und Scharfsinn nicht abhängig. Allein es ist unrichtig und irrtümlich, jemandem zu raten, so zu werden wie ein Blinder, Tauber oder ein Narr. Eben weil Gelehrsamkeit und Talent für das Studium des buddhistischen Weges gar nicht nötig sind, soll man bei sich selbst nicht etwa die eingeborene Dummheit und Minderwertigkeit verabscheuen. Das wahre Studium des buddhistischen Weges muss leicht sein. Indessen auch in den Klöstern der Zen-Sekte im Großreich China waren es nur ein oder zwei von Hunderten und Tausenden unter der Führung eines Meisters, die wahrhaft erleuchtet wurden. Deshalb muss es eine traditionelle Methode geben, die Geistesübung auszuführen. Das Wesentliche dabei ist, wenn ich jetzt genau überlege, der feste Entschluss. Wer sich wahrhaft entschließt und mit Anstrengung den Weg studiert, der kann ihn sicher erfassen. Hinsichtlich der Methode nun, dessen also, was man ausschließlich betreiben und vor allem ausüben soll, ist Folgendes wichtig:

Zunächst soll nur der Wunsch stark sein, die buddhistische Wahrheit zu erkennen. Wer z. B. einen kostbaren Schatz stehlen, einen starken Feind bekämpfen oder mit einer ausgesucht schönen Frau bekannt werden will, der wartet auf eine günstige Gelegenheit je nach den Verhältnissen, auch wenn sie sich in jedem Augenblick seines Handelns verändern, und ist seines Ziels immer eingedenk. Alle, die diesen intensiven Wunsch haben, können ihn sicher erfüllen. Wenn man also eifrig wünscht, die buddhistische Wahrheit zu erkennen, etwa bei der konzentrierten Zazen-Übung, beim Nachsinnen über ein Koan, beim Zusammenkommen mit einem weisen Priester, oder beim Handeln im wahren buddhistischen Sinne, dann ist man so weit, dass man schießen könnte, wie hoch es auch sei, oder angeln könnte, wie tief es auch sei. Wie könnte man, ohne solchen intensiven Wunsch zu hegen, eine so große Sache vollbringen, wie die, der buddhistischen Lehre entsprechend in einem einzigen Augenblick die Wanderung der Seele durch Leben und Tod zu unterbrechen? Wer dagegen solchen Wunsch hat, könnte sicher zur Erleuchtung gelangen, unabhängig von seiner Geistlosigkeit und minderwertigen Anlage, oder trotzdem er ein Dummkopf oder ein böser Mensch ist.

Ferner, um diesen Wunsch zu hegen soll man im Ernst die Vergänglichkeit der Welt erkennen. Diese sollte nicht etwa nur Gegenstand der scheinbaren Meditation sein, auch nicht das Erfundene eines wirklich gar nicht Vorhandenen, sondern tatsächlich eine Wahrheit vor unsern Augen. Sie bedarf keiner Lehre irgendeines Menschen, sie bedarf keiner Sätze in den buddhistischen Schriften oder der durch die Erleuchtung erkannten Wahrheit. Morgens Geburt, abends Tod – ein Mensch, der gestern noch da war, ist heute schon gestorben: Das ist eine Tatsache, ganz nah vor unsern Augen und Ohren. Doch das sind anderer Menschen Angelegenheiten, die wir sehen und von denen wir hören. Um nun für unsere eigene Person über diese Wahrheit nachzudenken: Obgleich wir uns eines siebzig- oder achtzigjährigen Lebens erfreuen könnten, sterben wir doch am Ende, da wir nun einmal sterblich sind …

Bekenne dich allein zum Buddhismus und suche nach der wahren Seligkeit des Nirwana! Wie könnte derjenige sein Studium des buddhistischen Weges vernachlässigen, der an Jahren vorgerückt ist oder die Hälfte seines Lebens schon verbracht hat, weil er kein langes Leben mehr vor sich hat? Doch darin liegt noch keine Dringlichkeit. In Wahrheit denke gerade heute und jetzt schon sowohl in Bezug auf den Buddhismus als auch hinsichtlich der weltlichen Angelegenheiten über solche Vergänglichkeit nach! Wer weiß, von welcher schweren Krankheit wir befallen werden und in eine so kritische Lage geraten mögen, dass wir sogar nicht mehr die Himmelsrichtungen unterscheiden können, auch wissen wir nicht, wessen Dämons Groll wir auf uns gezogen haben und eines plötzlichen Todes sterben mögen, auf welche Weise wir beraubt werden mögen, oder ob ein Todfeind erscheinen mag, um uns zu ermorden.

Das Leben ist wirklich unsicher. Also ist es sehr töricht, dass man für seinen Lebensunterhalt allerlei sorgt, um in der so flüchtigen Welt und trotz der Unsicherheit der Sterbestunde eine Weile sein Leben zu verlängern, oder – was noch schlimmer ist – etwas Böses anderen gegenüber plant und seine Zeit müßig hinbringt. Weil diese Wahrheit real ist, deshalb predigt Buddha dies für alle Menschen, und auch bei der Predigt und Glaubenslehre der buddhistischen Glaubensväter wird immer nur von dieser Wahrheit gesprochen. Bei der Predigt in der Vortragshalle, bei der Belehrung der Studierenden und auch bei anderen Gelegenheiten in der Gegenwart spricht der Meister über die eilende Vergänglichkeit und das Hauptproblem: Leben und Tod. In der Tat darf man diese Wahrheit nicht aus dem Gedächtnis verlieren, und indem man keine Zukunft erwartet, soll man eben heute und jetzt seine ganze Kraft ins Studium des buddhistischen Weges legen, ohne seine Zeit zu vergeuden. Dann ist das Studium wirklich leicht. Ob hoch oder niedrig von Geburt, ob klug oder dumm von Natur, spielt gar keine Rolle.

Eines Abends sprach der selige Meister: Dass viele Menschen sich von der Welt nicht zurückziehen, kommt daher, dass sie sich selbst in Wahrheit nicht lieben, obwohl sie sich selbst eifrig zu schonen scheinen. Dies beruht z. T. darauf, dass sie nicht auf die Zukunft bedacht sind, und zu einem weiteren Teil darauf, dass sie noch keinem weisen Priester begegnet sind. Sie sollen den Wunsch haben, in den Vorteil der ewigen Seligkeit zu gelangen und von den drachenartigen Himmelswesen bedient zu werden, selbst wenn sie sich nach Gewinn sehnen. Wenn sie weiter von späteren Nachfolgern buddhistische Glaubensväter oder Tugendhafte aus alter Zeit genannt werden, obgleich sie nach Ruhm getrachtet haben, dann werden sich die Weisen in späteren Zeiten darüber freuen.

Eines Abends sprach der selige Meister: In alten Zeiten sagte einer: „Wenn ich am Morgen die Wahrheit erkannt habe, kann ich am Abend beruhigt sterben.“ Diejenigen, die heute den Weg studieren, sollen das gleiche Gefühl besitzen. Seit wir im Lauf unserer vielen Leben von Ewigkeit her oftmals vergebens geboren wurden und gestorben sind, konnten wir jetzt erst den verhältnismäßig seltenen Körper eines Menschen erhalten und wie zufällig den Buddhismus treffen. In welchem Leben könnten wir uns also selbst erlösen, wenn wir es nicht jetzt in diesem Leben vollbringen? Wie sehr wir uns selbst auch schonen und erhalten mögen, es nutzt nichts. Unser Leben, das wir am Ende doch aufgeben, nur einen einzigen Tag oder auch nur eine halbe Stunde für den Buddhismus hinzugeben, wäre eine ewige Quelle der Seligkeit. Es ist höchst bedauerlich, dass man für die Zukunft, für den Lebensunterhalt von morgen sorgt und so Tag und Nacht seine Zeit müßig hinbringt, statt der Welt, die man doch aufgeben muss, zu entsagen und den Weg, den man ausüben soll, auszuüben. Wenn du den Lebensunterhalt für den morgigen Tag nicht bekommst, so verhungere ruhig oder erfriere, aber mit Entschiedenheit! Man sollte nur erst den Entschluss fassen, bereits heute die Wahrheit zu erkennen und nach Buddhas Willen zu sterben. Dann könnte man bestimmt den buddhistischen Weg ausüben. Ohne diesen Entschluss hat man noch in seiner Unentschlossenheit große Sorge um Kleidung in Sommer und Winter und kümmert sich um den Lebensunterhalt von morgen, ja um den im nächsten Jahr, auch wenn man so aussieht, als ob man sich von der Welt entfernt hätte und den buddhistischen Weg studierte. Beschäftigt man sich auf solche Weise mit der buddhistischen Lehre, kann man wahrscheinlich trotz des Studiums durch tausend Leben hindurch bis in alle Ewigkeit keine Wahrheit erkennen. Auch solche Menschen mag es geben. Nach der buddhistischen Lehre jedoch, glaube ich, soll man nicht auf das „Morgen“ warten.

Einmal fragte Ejo den seligen Meister: „Wie steht es mit der Praxis des Mönchslebens? Wenn wir unsere abgetragenen Mönchskleider geflickt und gestückelt benutzen, sieht es aus, als ob wir mit den Dingen geizten. Werfen wir dagegen das Alte weg und gebrauchen stattdessen ein Neues, so scheint es, dass wir nach dem Neuen gierig sind. Beides ist fehlerhaft. Wie sollen wir im Grunde darüber denken?“

Der selige Meister antwortete: Wenn ihr nur vom Geizen und Begehren frei seid, wäre beides fehlerlos. Es dürfte aber richtig sein, wenn ihr die abgetragenen Mönchskleider flickt und sie lange tragt, ohne die neuen zu begehren.

Bei einem Abendgespräch fragte Ejo den seligen Meister: „Sollen wir etwas tun, um für die Elternliebe unsere Dankbarkeit oder dergleichen zu bezeigen?“

Da wies der selige Meister auf Folgendes hin: Die Kindespflicht den Eltern gegenüber ist eine sehr wichtige Sache. Aber es gibt bei der Kindespflicht einen Unterschied zwischen laienhafter und mönchischer. Es ist allgemein bekannt, dass der Laie, der der Lehre des *Kokyo*[47] und der anderen Bücher treu bleibt, den Eltern dient sowohl im Leben wie nach ihrem Tode. Da der Mönch aber die Familienbände gelöst hat und in das ewige selige Leben eingetreten ist, dankt er, der Lebensart des Mönchs gemäß, nicht nur für die Liebe der eigenen Eltern, sondern ist er allen Menschen wie seinen Eltern gleich dankbar für ihre große Güte, und weiht die guten Taten, die er tut, der ganzen Welt. Dankt er keinem anderen als seinen irdischen Eltern, so handelt er dem absoluten Weg, d. h. der Lebensweise des Mönchs zuwider. Wenn er jedoch in der täglichen Ausübung des

[47] Konfuzianischer Klassiker über den Respekt den Eltern gegenüber.

Weges und im Studium zu jeder Zeit nur der buddhistischen Lehre gemäß handelt, so bedeutet das zugleich auch die Wahrung echter Kindespflicht den Eltern gegenüber. Die jährliche Totenmesse eines Verstorbenen, die buddhistischen Feiern während der Zeit von sieben Wochen nach dem Tode eines Menschen und dergleichen sind alles Beschäftigungen für Laien. Dem Mönch muss es zur unbedingten Gewissheit werden, dass seine Eltern ihm große Güte erweisen. Dass das aber auch alle anderen tun, muss er außerdem noch wissen. Ausgerechnet an einem bestimmten Tage Gutes zu üben und für das Seelenheil einer bestimmten Person zu beten, wäre, glaube ich, nicht Buddhas Wille. Die Worte in den buddhistischen Schriften über die Gebote für die Todestage von Eltern und Geschwistern haben wahrscheinlich nur für den Laien Gültigkeit. Alle Mönche in den Zen-Klöstern im Großreich China halten am Todestag ihrer verstorbenen Meister Zeremonien ab, aber sie scheinen nie solche abzuhalten am Todestag ihrer verstorbenen Eltern.

Eines Tages wies der selige Meister auf Folgendes hin: Von Scharfsinn und Dummheit ist nur insofern die Rede, als man noch nicht seinen Entschluss fasst. Wenn weltliche Leute vom Pferde abgeworfen werden, kommen ihnen allerlei Gedanken, bevor sie im Sturz die Erde erreichen. Jeder Mensch bedient sich da seines Talents und seiner Gelehrsamkeit und überlegt, wo es sich doch um eine so große Sache handelt, wie den Schaden des Körpers oder die Gefährdung des Lebens. Jeder denkt also nach und überlegt, was er machen soll, ohne Unterschied von klug und dumm. Wenn er daher in dem Gedanken, dass er heute Abend oder morgen sterben oder Unglück haben werde, sich zur Verstärkung seines Willens ernst antreibt, kann er unbedingt zur Erleuchtung gelangen. Es kann ein Mensch, der stumpfsinnig aussieht, jedoch einen starken Willen hat, rascher erleuchtet werden, als einer, der sehr verständig, beredt und lebensklug ist. Wie z. B. Shurihandoku (Cudapanthaka), der zur Zeit Shakyamunis lebte und schwer auch nur eine buddhistische Hymne auswendig lernen konnte. Trotzdem war er imstande, im Laufe eines

Sommers die Wahrheit zu erkennen, weil seine Natur tief und ernst war. Nur im gegenwärtigen Augenblick sind wir am Leben. Studiert man die buddhistische Lehre mit der ernsten Absicht, zur Erleuchtung zu gelangen, bevor man sein Leben endet, so ist niemand, der sein Ziel nicht erreichen könnte.

Eines Abends wies der selige Meister auf Folgendes hin: In den Zen-Klöstern im Großreich China kam es oft vor, dass das Korn der Qualität nach gesondert wurde, um das Essen mit dem guten zu bereiten und das schlechte wegzulassen. Darüber äußerte sich ein Zenji: „Sondert nicht den Reis, und wenn mein Kopf in sieben Teilen gespalten würde!" Er sprach diese Worte in Hymnenform und wies die Mönche auf diese Weise zurecht. Damit ist gemeint, dass der Mönch seine Nahrung nie auslesen darf, wenn er essen will. Er soll nur essen, was der Vorrat bietet: Wenn dieser gut ist, soll er Gutes essen; aber auch Schlechtes soll er ohne Abneigung verzehren. Nur mit Gaben von Gönnern des Klosters und mit reinem klösterlichen Essen soll er seinen Hunger stillen und sein Leben fristen zur Ausübung des Weges. Nach dem Geschmack darf er die Qualität der Speise nicht unterscheiden. Diese Gesinnung sollten alle Mönche meines Klosters haben!

Eines Tages, als ein Schüler etwas über die buddhistische Lehre fragte, sprach der selige Meister: Die modernen Mönche sagen meistens, man solle den weltlichen Sitten und Gebräuchen folgen. Ich glaube das nicht. Selbst der Weise der Welt erklärt es für unreinlich, der Volkssitte zu folgen. Kutugen z. B. sagte, dass die ganze Welt berauscht, er allein nüchtern sei, und schließlich stürzte er sich ins Wasser, ohne dem Volksbrauch gefolgt zu sein. Besonders der Buddhismus steht in allen Dingen den weltlichen Sitten und Gebräuchen feindlich gegenüber. Der Laie schmückt sich das Haar, der Mönch schert seinen Kopf kahl. Jener isst viel, dieser täglich nur ein Mal. Alles Buddhistische steht im Gegensatz zum Weltlichen. Trotz alledem wird der Mönch ein Mensch, der erfüllt ist von großer Seligkeit. Also steht der Mönch in allem zu den weltlichen Sitten und Gebräuchen im Gegensatz.

Weiter sprach der selige Meister: Als ich im Zen-Kloster Tendos im Großreich China wohnte, übte der alte Tendo Nyojo Zazen bis zur Mitternacht, und am Morgen stand er schon um 3 Uhr auf zur Zazen-Übung. Er saß in der Zazen-Halle mit dem Oberen zusammen, was er keine Nacht versäumte. In diesen Stunden schliefen viele Mönche im Sitzen ein. Der Obermeister ging dann auf die einschlafenden Mönche zu, schlug sie bald mit seiner Faust, bald mit seinem ausgezogenen Schuh und beschämte sie oft dadurch, dass er sie aus dem Schlafe weckte. Wenn die Mönche trotzdem einschliefen, ging er zum Platz vor dem hinteren Eingang der Zazen-Halle, läutete die Glocke, rief einen Diener, ließ eine Kerze anzünden und predigte plötzlich folgendermaßen: „Was nützt es, dass ihr, die ihr euch in der Zazen-Halle sammelt, untätig einschlaft? Wenn ihr so seid, wozu habt ihr eure Familien verlassen und seid ins Kloster eingetreten? Seht, wer von den Kaisern und Beamten in der Welt ein müßiges Leben führt! Die Kaiser regieren auf kaiserliche Weise, die Untertanen bewahren Treue gegen den Herrn bis herab zum Volk, das den Acker bestellt und die Hacke benutzt. Wer von ihnen lebt träge? Ihr habt euch von dieser Welt zurückgezogen, seid ins Kloster eingetreten, und dennoch bringt ihr eure Zeit müßig hin. Wozu nützt das letzten Endes? Die Schule der Lehre und die Zen-Schule weisen beide darauf hin, dass Leben und Tod das Hauptproblem des Buddhismus und die Vergänglichkeit eilend ist. Welcher Tod, welche Krankheit könnte uns schon heute Abend oder morgen früh befallen! Es ist gänzlich verkehrt, während des kurzen Lebens die buddhistische Lehre nicht auszuüben, sich schlafen zu legen und die Zeit zu vertrödeln. Weil ihr ein solches Leben führt, verfällt der Buddhismus. Als der Buddhismus allerorts blühte, übte man in allen Klöstern ausschließlich Zazen. In der neueren Zeit fördert man Zazen nicht mehr, infolge dessen geht der Buddhismus allmählich zurück." Dass er mit solchen Gründen alle Mönche zur Zazen-Übung antrieb, sah ich mit meinen eigenen Augen. Auch die Studierenden heute sollen an seine Art der Erziehung denken.

Einmal sagten die Mönche, die ihm persönlich dienten, und auch andere: „Wenn die Mönche in der Zazen-Halle schläfrig und müde sind, könnten sie womöglich erkranken oder einen Hang zur Trägheit bekommen. Kommt dies nicht von der langen Dauer der Zazen-Übung her? Besser wäre es vielleicht, die Zeit der Übung zu verkürzen." Da schalt sie der Obermeister streng und sprach: „Nein, das geht nicht. Die Menschen, die ohne Wunsch, die Wahrheit zu erkennen, nur vorübergehend in der Zazen-Halle wohnen, werden selbst in einer nur halbstündigen oder noch kürzeren Übung einschlafen. Diejenigen aber, die den Wunsch und Willen haben, die buddhistische Lehre auszuüben, wollen umso lieber Zazen üben, je länger die Übungszeit dauert. Als ich noch jung war, machte ich eine Besuchsreise zu den Oberen in verschiedenen Gegenden. Damals ermunterte mich ein Oberer und sprach: ‚Früher schlug ich die einschlafenden Mönche so heftig, dass meine Faust fast zerbrach. Weil ich jetzt aber bejahrt und geschwächt bin und nicht mehr so stark schlagen kann, wird kein guter Mönch mehr herangezogen.' Die Folge davon, dass die Oberen in verschiedenen Orten das Zazen nicht mehr so ernst fördern, ist der Rückgang des Buddhismus. Darum muss ich immer heftiger schlagen." So lehrte der alte Tendo Nyojo.

Eines Abends sprach der selige Meister: Wie ich die Leute in der gegenwärtigen Welt sehe, sind diejenigen, die als Glückskinder ein Vermögen machen, alle ehrlich und gütig zu den Menschen. Deshalb können sie ihre Familien unterhalten und auch ihre Nachkommen gedeihen. Dagegen sind diejenigen, die unaufrichtig und boshaft zu den Menschen sind, auch wenn sie vorübergehend beglückt sein und so aussehen mögen, als ob sie ihre Familien unterhielten, am Ende unglücklich. Sollten sie auch das ganze Leben hindurch in Frieden hinleben, ihre Nachkommen geraten sicher in Verfall. Es ist wahrscheinlich besser, einem anderen Menschen Gutes zu tun als Schlechtes, und zwar deshalb, weil man von ihm für gut gehalten werden und ihm eine Freude machen will. Dennoch geschieht dies noch aus eigenem Interesse und ist für andere nicht wirklich gut. Man nennt denjenigen einen wahrhaft Guten, der für die Menschen Gutes tut, ohne von ihnen bemerkt zu werden, und etwa auch für die Zukunft anderer Gutes vollendet, auch wenn er nicht daran denkt, für wen er solches tut. Der Mönch soll natürlich noch edlere Gesinnung haben. Er soll für alle Menschen ohne Unterschied der Vertrautheit sorgen, sie alle gleichmäßig erlösen wollen, überhaupt keinerlei eigenes Interesse fördern, sei es ein weltliches oder sei es ein überweltliches, auch dann nicht, wenn die Leute es nicht bemerken und sich nicht darüber freuen. Nur in seinem Inneren soll er Gutes für andere tun und nicht erkennen lassen, dass er solchermaßen gesinnt ist. Die Hauptvoraussetzung dafür ist die Entsagung von der Welt und von der eigenen Person. Wenn man nur sich selbst wahrhaft entsagt, so verschwindet der Wunsch, von anderen für gut gehalten zu werden. Bei alledem steht es auch im Widerspruch zum Willen Buddhas, dass man Böses tut und zügellos lebt, indem man meint, die anderen mögen sagen, was sie wollen. Schlechthin eine Tugend üben, für andere Gutes tun und wirklich gewinnlos den Menschen Gnade spenden, statt eine Belohnung zu erwarten und auf das Bekanntwerden des eigenen Namens zu hoffen – das ist die wichtigste geistige Haltung für die Entfernung vom eigenen Ich. Wer diese Gesinnung erhalten will, soll zuerst über die Vergänglichkeit nachdenken. Unser ganzes Leben ist wie ein Traum. Schnell fliegt die Zeit dahin und unser kümmerliches Dasein vergeht rasch. Die Zeit wartet nicht auf den Menschen. Weil dies alles einmal der Lauf der Welt ist, so soll man wenigstens eine Kleinigkeit zum Besten der anderen tun und dem Willen Buddhas folgen wollen, solange man sein ach so kurzes Leben fristet.

Eines Abends sprach der selige Meister: Derjenige, der den Weg studiert, muss äußerst arm sein. Wenn wir die Leute der Welt betrachten, verfallen die Wohlhabenden mit Sicherheit vor allem zwei Übeln: dem Zorn und der Schande. Wenn man Vermögen hat, so will es ein anderer wegnehmen. Wollte man diesen dann daran hindern, würde man sogleich zornig werden oder doch mit ihm darüber in einen Wortwechsel kommen, der schließlich zur Schlägerei führt. Dabei käme es dann also zu Zorn und Schande. Wenn man aber arm und uneigennützig ist, entgeht man zunächst diesen Übeln und ist selig und frei. Der Beweis dafür liegt vor Augen, es bedarf keiner schriftlichen Lehre. Überdies wird die Wohlhabenheit von allen Heiligen und Weisen der alten Zeit, von allen Himmelswesen und seligen buddhistischen Glaubensvätern getadelt. Es ist die schlimmste aller Schanden, dass die Dummköpfe trotz alledem Vermögen sammeln und irgendwie zornig sind. Arm und an dem Weg interessiert zu sein ist das, was von den Weisen und Heiligen der alten Zeit hochgeschätzt, von den Buddhas und seligen buddhistischen Glaubensvätern gepriesen wird.

Der Verfall des Buddhismus in neuerer Zeit ist eine greifbare Tatsache. Was ich sah, als ich zum ersten Mal das Kenninji betrat, hatte sich inzwischen sehr verändert, als ich es nach sieben acht Jahren wieder sah: Lackierte Körbe standen in den einzelnen Wohnhäusern der Mönche, jeder Mönch hatte Geräte, kleidete sich gern gut, sammelte Besitz und liebte liederliche Worte, während das mönchische Kompliment, die tiefe Verbeugung usw. dahingeschwunden waren. Daran gemessen, konnte ich die Lage in den anderen Klöstern vermuten. Der Buddhist darf überhaupt keine anderen Kostbarkeiten als seine Kleidung und seine Ess-Schale besitzen. Was wollen sie hineintun in die Körbe, die sie da aufstellen? Sie dürfen nichts so Kostbares in Besitz haben, dass sie es vor anderen verbergen müssen. Sie möchten es eben deshalb verbergen, weil sie sich vor Dieben und dergleichen fürchten. Sie wären jedoch ruhiger, wenn sie solches abwürfen und nichts besäßen. Da man zwar einen töten, aber nicht getötet werden will, eben darum quält man sich und muss auf der Hut sein. Entschließt man sich jedoch, an dem Täter dafür keine Rache zu nehmen, selbst wenn man von jemand getötet würde, so hat man nicht nötig, auf der Hut zu sein oder vor Dieben Furcht zu haben. Auf diese Weise ist man zu jeder Zeit ruhig.

Eines Tages wies der selige Meister auf Folgendes hin: Als Kaimon Shisai im Großreich China Oberer in Tendos Kloster war, befand sich dort ein Mönch namens Gen. Dieser Mann hatte die Wahrheit erkannt, war zur Erleuchtung gelangt und so in seinem Handeln dem Oberen überlegen. Eines Abends kam er ins Wohnzimmer des Oberen, brannte Weihrauch ab, verbeugte sich tief vor ihm und sagte: „Ich bitte Dich, mich zum Hauptmönch[48] zu ernennen." Darauf sagte der Zenji unter Tränen: „Seit ich Mönchslehrling war, habe ich nie solches gehört. Es ist ein großer Irrtum, dass du als Zen-Mönch ein Hauptmönch oder ein Oberer zu werden ersehnst. Du bist schon zu tieferer Erleuchtung gelangt als ich. Dass du dennoch Hauptmönch zu werden wünschst! Geschieht es, weil du befördert werden willst? Ich möchte dich gern zum Hauptmönch oder zum Oberen ernennen. Allein deine Gesinnung ist niedrig. In Wahrheit lässt sich daraus die geistige Lage der anderen noch nicht erleuchteten Mönche vermuten. Daran könnte man den Verfall des Buddhismus erkennen." So sagte er und weinte Tränen. Gen schämte sich seines Wunsches und nahm davon Abstand. Trotzdem ernannte ihn der Meister zum Hauptmönch. Darauf schrieb Gen die Worte des Meisters auf, um zu bereuen und die schönen Worte bekannt zu machen. Wenn ich nun darüber nachsinne, so sehe ich, dass die Alten es für eine Schande hielten, wenn man befördert werden, an der Spitze der Menschen stehen oder zum Oberen ernannt werden wollte. Man soll also nur den Weg erfassen wollen, ohne an anderes zu denken.

---

[48] Eigentlich *shuso*, der für die Haupthalle zuständige Mönch.

Weiter wies der selige Meister auf Folgendes hin: Der Mönch muss dessen eingedenk sein, dass er den Taten Buddhas und der buddhistischen Glaubensväter gemäß handeln soll. In erster Linie darf er nicht nach Reichtum gierig sein. Der Grund dafür ist folgender: Die Barmherzigkeit des Tathagata (Buddha) ist so unermesslich, dass sie mit keinem Vergleich gemessen werden kann. Und zwar geschehen alle seine Handlungen zum Besten der Lebewesen; er tut nicht das Geringste, das nicht zu ihrem Nutzen wäre. Dies ist wiederum der Grund dafür, warum er dem Throne entsagte und um Almosen bettelte, statt dass er, der damals Kronprinz des über die ganze Welt herrschenden Königs war, den Thron bestieg, das ganze Land in seiner Gewalt hatte, sich seiner Jünger mit Reichtümern erbarmte und sie mit Lehen ernährte. Vielmehr sparte er sich keinen Reichtum zusammen, sondern bettelte um Almosen, weil er hierin die sichere Voraussetzung sah für das Wohl der Lebewesen im untergehenden Zeitalter und für die buddhistische Ausübung seiner Jünger. Seitdem hießen alle buddhistischen Glaubensväter in Indien und China, die als hervorragend bekannt waren, ihre Schüler, arm zu sein und um Almosen zu betteln. Besonders alle Anhänger unserer Sekte predigten immer wieder, dass man keinen Reichtum ansammeln solle. Wenn die Schule der Lehre unsere Sekte lobt, preist sie vor allem unsere Armut; auch in den buddhistischen Schriften, die von Indien und China nach Japan gebracht waren, standen Lobsprüche über unsere Armut.

Ich habe nie gehört, dass jemand, der an Gütern reich war, dennoch die buddhistische Lehre ausgeübt hätte. Alle sogenannten guten Buddhisten wurden Mönche und bettelten außerdem beständig um Almosen. Dass man die Zen-Sekte für gut und ihre Mönche für anders als andere hält, dieses Urteil verdankt seinen Ursprung der Tatsache, dass die Zen-Mönche schon damals ihrer eigenen Person entsagten und arm waren, als sie noch in den Tempeln der Schule der Lehre, der Schule des Gebots und dergleichen mit anderen zusammen wohnten. Diese Tradition unserer Sekte sollte man zunächst kennenlernen. Sie bedarf nicht erst eines Beweises durch Sätze aus den heiligen buddhistischen Schriften. Ich für meine Person besaß einmal Landgüter und auch Reichtümer. Wenn ich aber meinen Geist und Körper zu jener Zeit mit demjenigen von heute vergleiche, wo ich arm bin und Nahrung und Kleidung knapp sind, so finde ich meine jetzige Gesinnung der von damals weit überlegen. Dies ist ein Beweis von Tatsachen.

Weiter sprach der selige Meister: In alten Zeiten sagte einer: „Man darf nicht über das Wesen eines Menschen sprechen, ohne ihm zu gleichen." Das heißt: Wenn man Fehler bei einem guten Menschen findet, so darf man nicht glauben, ohne vorher auch seine Tugenden kennengelernt zu haben, eine seiner Handlungen sei schlecht, wo er doch eigentlich gut ist; ja man darf selbst nicht glauben, ein guter Mensch tue überhaupt Böses. Hebe also nur seine Tugend hervor, nicht seinen Fehler! Es bedeutet dies, dass, wie man sagt, der Weise nicht die Fehler anderer, sondern nur ihre Tugend übernimmt.

Eines Tages kam ein Mönch, und fragte nach der Geisteshaltung dessen, der den Weg studiert. Bei dieser Gelegenheit wies der selige Meister auf Folgendes hin: Derjenige, der den Weg studiert, soll arm sein. Wenn er vermögend ist, verliert sich sicherlich sein Entschluss. Denn dem Laien, der den Weg studiert, begegnen selbst bei ernsthaftem Willen manche Dinge, die den Weg hindern, wenn er nach Reichtum giert, nach seiner Wohnung begierig ist und mit seinen Verwandten verkehrt. Seit alters studieren viele Laien den Buddhismus, unter ihnen konnten aber auch die Besseren sich nicht mit den Mönchen messen. Weil der Mönch keinen Reichtum außer seinen drei Kleidern und einem Bettelnapf besitzt, nach keiner Wohnung verlangt und nicht nach Nahrung und Kleidung giert, so kann er daraus seinen religiösen Vorteil ziehen, sofern er mit Eifer den Weg studiert. Der Grund dafür ist folgender: Die Armut ist mit dem Weg vertraut.

Hoon (ein Schüler Baso Doitsus), der den Mönchen gleichkam, auch wenn er ein Laie war, hat einen guten Namen in der Geschichte des Zen-Buddhismus hinterlassen, was auf folgender Tatsache beruht: Als er zu Beginn seines Zen-Studiums die Schätze seiner Familie hervorholte in der Absicht, sie ins Meer zu versenken, riet man ihm davon ab und sagte: „Du solltest sie lieber den andern geben oder für buddhistische Zwecke gebrauchen." Darauf erwiderte er: „Da ich sie als Feinde des Menschen erkannt habe, werfe ich sie ab. Diese als Feinde erkannten Sachen sollte ich anderen geben? Denn ein Schatz ist ein Feind, der unsern Körper und Geist peinigt." Mit diesen Worten warf er sie endlich ins Meer. Dann machte er Körbe zu seinem Unterhalt und lebte von deren Verkauf. Selbst ein Laie kann also gut genannt werden, wenn er solcherweise den Reichtum weggeworfen hat. Ich brauche gar nicht erst zu sagen, dass ein Mönch ihn unbedingt abzuwerfen hat.

[Da fragte einer:] „Weil es in unserem Lande nichts dergleichen gibt, würde wahrscheinlich das rücksichtslose Abwerfen der Güter der Ausübung des Weges hinderlich sein. Ich glaube, es ist besser, wenn solche Lebensbedürfnisse wie Nahrung und Kleidung vorbereitet sind. Was meint Ihr dazu?"

Da wies der selige Meister auf Folgendes hin: Nein, im Gegenteil. Die Leute dieses Landes bringen öfter als in China unbillig den Mönchen Gaben dar, und zwar tun sie es im Übermaß. Wie es anderen Menschen ging, weiß ich im Augenblick nicht. Ich jedenfalls habe die Wahrheit dadurch erlebt, dass ich dies „Nichts haben" ausübte. Es sind mehr als zehn Jahre vergangen, ohne dass ich auch nur das Geringste besaß oder vorbereitet hatte. Ein Stück Vermögen aufspeichern zu wollen, ist ein großes Unternehmen. Doch auch ohne das ist man irgendwie imstande, sein kurzes Leben zu führen. Selbst wenn man mit diesem Gedanken nichts ansammelt, wird es einem von der Natur ausreichend gegeben. Jeder Mensch hat seinen natürlichen Anteil am Glück. Himmel und Erde liefern ihn. Auch wenn man ihm nicht nachläuft, kann man ihn sicher bekommen.

Besonders die Kinder Buddhas haben den von Tathagata hinterlassenen Glücksanteil. Sie bekommen ihn ganz von selbst und zwar ohne ihn zu verlangen. Wenn man nur alles abwirft und den Weg ausübt, wird man ihn von der Natur bekommen. Dies ist eine wirklich erlebte Tatsache.

Ein Mönch sagte: Ich habe noch eine alte Mutter. „Ich bin ihr einziger Sohn. Sie lebt ausschließlich von dem, was ich ihr gebe. Meine Anhänglichkeit an sie ist besonders groß. Meine Gesinnung kinderlieben Gehorsams ihr gegenüber ist ebenfalls tief. Daher folge ich bis zu einem gewissen Grade der Mehrheit und den Leuten, und was von einem anderen gütig gegeben wird, das verwende ich für ihre Nahrung und Kleidung. Falls ich mich von der Welt zurückziehe und für mich lebe, könnte meine Mutter keinen Lebensunterhalt auch nur für einen Tag haben. Trotzdem fällt es mir schwer, in der Welt zu bleiben und mich keiner Mönchsgemeinschaft anzuschließen. Gibt es einen vernünftigen Grund dafür, dass ich dennoch meine Mutter verlasse und mich einer Mönchsgemeinschaft anschließe?"

Der selige Meister wies ihn auf Folgendes hin: Dies ist eine schwierige Sache. Andere können sie nicht in Ordnung bringen. Nur du selber musst es dir überlegen. Wenn du wahrhaft Sehnsucht nach dem Buddhismus hast, so sollst du in ein Kloster eintreten, nachdem du Maßregeln ersonnen und Vorbereitungen getroffen hast für einen sorglosen Unterhalt deiner Mutter. Dann wird es euch beiden gut gehen. Was man dringend wünscht, kann man bestimmt zur Erfüllung bringen. Selbst wenn es sich um einen starken Feind, eine ausgesuchte Schönheit oder um einen unbezahlbaren Schatz bandelt, so wird sich bestimmt irgendein Mittel zur Erreichung des Zieles finden lassen, falls der Wunsch heftig ist. Dieser wird dann dank der verborgenen Gnade der guten Götter des Himmels und der Erde unfehlbar erfüllt. Der sechste der chinesischen Glaubensväter der Zen-Sekte (Huineng) war Holzhauer in der Provinz Shinshu. Er ernährte seine Mutter durch den Verkauf von Brennholz. Bevor er seine Mutter verließ, hörte er eines Tages in einer Stadt einen Käufer das

Diamantsutra rezitieren und entschloss sich, *Bodhi* zu erlangen. Als er daher bei einem Meister in Obai (dem fünften Patriarchen) in die Lehre trat, bekam er zehn Unzen Silber, womit er die Nahrungs- und Kleidungskosten seiner Mutter decken konnte. So steht es geschrieben. Dies wurde ihm, glaube ich, seines starken Entschlusses wegen vom Himmel gegeben. Sinne ernsthaft darüber nach! Dies enthält eine durchaus gerechte Wahrheit. Wenn du nach dem Tode deiner Mutter ohne Behinderung Mönch wirst, so erreichst du ganz das, was du eigentlich wolltest, und zwar auf schönste Weise. Doch wer weiß: Weil der Tod niemand verschont, könntest du selber deiner alten Mutter im Tode vorangehen und sie selbst lange am Leben bleiben. Sollte das geschehen und deine Pläne durchkreuzen, würdest du bereuen, nicht Mönch geworden zu sein, und deine Mutter würde eine Sünde tun, dass sie dir dies nicht erlaubt hat, so dass es euch beiden zugleich nutzlos ist und ihr euch gegeneinander schuldig macht. Was machst du dann? Entsagst du diesem irdischen Leben und wirst Mönch, auch wenn deine alte Mutter verhungern sollte: Wäre diese ihre Wohltat, dass sie ihrem einzigen Kind erlaubt hat, sich zum Buddhismus zu bekennen, nicht ein günstiger Anlass, die buddhistische Wahrheit zu erkennen? Du kannst deine Familienbande in alle Ewigkeit und durch vielmalige Lebensgänge nie lösen. Wenn du sie aber in diesem Leben, in dem du den Menschenkörper bekamst und dem Buddhismus begegnetest, abwirfst, wirst du die Güte deiner Familie mit Gutem vergelten. Warum sollte das nicht dem Willen Buddhas gemäß sein? Es steht geschrieben: „Wenn ein Kind Mönch wird, so werden die Eltern in sieben Generationen erleuchtet." Es gibt außerdem folgende Lehre: Warum lässt man dadurch, dass man seinem diesseitigen, vergänglichen Ich anhänglich ist, die Ursache der ewigen Seligkeit fahren? Überlege dir selber innigst diese Umstände!

Eines Tages bei Gelegenheit des buddhistischen Unterrichts wies der selige Meister auf Folgendes hin: Diejenigen, die den Weg studieren, dürfen nicht an ihren eigenen Auffassungen festhalten. Auch wenn sie etwas erfasst haben, sollen sie noch weise Priester weit und breit besuchen oder in den Worten der Vorgänger nachforschen, in dem Gedanken, dass ihre Ansichten bestimmt mangelhaft sind und dass es noch bessere Auslegungen gibt. Doch dürfen sie auch nicht bei den Worten der Vorgänger stehen bleiben. Dadurch, dass sie erkennen, diese könnten auch falsch sein, auch wenn sie an sie glauben, sollen sie immer besseren Ansichten folgen, wenn sie sie treffen.

Eines Tages wies der selige Meister auf Folgendes hin: In alten Zeiten sagte einer: „Mit guten Menschen in Verbindung zu stehen, ist ähnlich, wie wenn man im Nebel oder durch Tau geht: Wenn die Kleider auch nicht ganz nass werden, so werden sie doch hin und wieder feucht." Das bedeutet: Wenn man mit Guten in ein inniges Verhältnis tritt, dann wird man unbewusst ein guter Mensch. Ein Knabe, der einst dem Priester Gutei diente, gelangte zur Erleuchtung, weil er mit dem Reiferen vertraut war, wenn man auch nicht gleich merken konnte, wann er studierte und die Lehre ausübte. So geht es auch mit dem Zazen. Übt man Zazen lange und freiwillig, so wird man plötzlich zur Erleuchtung gelangen und erkennen, dass Zazen das Haupttor zum Buddhismus ist.

Eines Tages wies der selige Meister auf Folgendes hin: Laien sagen: „Wer hat nicht schöne Kleidung lieb? Wer begehrt nicht den Wohlgeschmack?" Allein diejenigen, die den Weg ausüben wollen, wohnen im Gebirge, schlafen von Wolken umgeben und stehen Kälte und Hunger aus. Alle Vorgänger hatten Schmerzen zu ertragen. Sie wurden, was sie waren, dadurch, dass sie sie ertrugen und dem Weg treu blieben. Die Nachfolger, die dies erfahren, sehnen sich nach ihrem Weg und verehren ihre Tugendhaftigkeit. Selbst unter den Laien handeln die Weisen so. Wie sollte man als Buddhist nicht auch so handeln? Nicht alle Alten waren überweltlich, nicht alle Jünger zu Lebzeiten Buddhas waren hochbegabt. Unter, den Mönchen gab es – wenn man nach den Geboten des Mahayana- und des Hinayana-Buddhismus urteilt – auch solche, die ganz unvorstellbar unrichtige Gedanken hatten. Aber nachher sollen sie alle die Wahrheit erkannt haben und Arhats (Heilige) geworden sein. Daher sollten auch wir, wie niedrig und unbegabt wir sein mögen, den Entschluss fassen, *Bodhi* zu erlangen, mit dem Bewusstsein, dass wir bestimmt den Weg erfassen können, wenn wir religiös erwacht die buddhistische Lehre ausüben. In alten Zeiten übten alle, Schmerz und Kälte geduldig ertragend, anspruchslos die Lehre aus. Die Studierenden heute sollen mutig den Weg ausüben, wie sehr sie auch leiden und in Not sein mögen.

Eines Tages wies der selige Meister auf Folgendes hin: Der noch unreife Studierende soll das buddhistische Schrifttum mit Eifer lesen und studieren ohne Rücksicht darauf, ob er den Entschluss, *Bodhi* zu erlangen, schon gefasst hat oder noch nicht. Als mir die Vergänglichkeit des Lebens aufging und ich mich nach der buddhistischen Wahrheit gewissermaßen zu suchen entschloss, als ich verschiedene Orte besuchte, den Weg ausübte und schließlich im Kenninji verweilte, irrte ich umher, so dass mir schlechte Gedanken kamen, weil ich keinen richtigen Meister traf und keinen guten Freund fand. Auch lehrte mich mein Lehrmeister zunächst meine Gelehrsamkeit derjenigen der Vorgänger anzugleichen und zu erreichen, dass ich als edler Mensch vom Staat erkannt und im ganzen Lande gerühmt würde. Infolgedessen wollte ich mich etwa beim Studium der buddhistischen Lehre den Weisen, die früher in unserem Land gelebt haben, gleichstellen, sogar den großen Sektenstiftern. Als ich nun „Biographien hervorragender Priester", die Fortsetzung dazu und dergleichen las und das Benehmen der edleren Priester und Buddhisten im Großreich China betrachtete, so ergab sich daraus etwas anderes als die obige Lehre meines Meisters. Seitdem ich ferner fand, dass alle die Gedanken, wie ich sie gehabt hatte, in den buddhistischen Schriften und Biographien verabscheut werden, zog ich allmählich eine Lehre daraus, um endlich zu der Erkenntnis zu gelangen: Wenn ich mich nach Ruhm sehne, sollte ich mich lieber vor den Weisen der alten Zeit und vor den guten Menschen der Zukunft schämen, statt den Wunsch zu haben, von den minderwertigen Leuten der Gegenwart für gut gehalten zu werden. Wenn ich mich schon gleichstellen will, sollte ich mich eher den Vorgängern und hervorragenden Priestern in China und Indien gleichzumachen wünschen und mich vor ihnen schämen als vor den hervorragenden Menschen dieses Landes. Ich sollte mich weiter den himmlischen und unsichtbaren Wesen, den Buddhas und Bodhisattvas gleichzustellen wünschen.

Nach Erkenntnis dieser Wahrheit dünkte mich, als wären die großen Sektenstifter z. B. in diesem Lande wie Erde oder Ziegel. Hierauf veränderte ich all mein bisheriges Denken und meine bisherige Lebensweise. Was Buddhas Benehmen durch sein ganzes Leben hindurch anlangt, so steht geschrieben, dass er dem Thron entsagte, in die Wälder ging und auch nach der Erleuchtung bis zum Ende seines Lebens um Almosen bettelte. In den buddhistischen Geboten heißt es: „Man soll seine Familie als unwahre Familie erkennen, ihr entsagen und Mönch werden." In alten Zeiten sagte einer: „Man darf sich weder stolz den Weiseren noch bescheiden den Niedrigeren gleichstellen wollen." Das bedeutet eine Tadelung des Hochmutes. Vergiss nicht das Fallen, wie hoch du dich befinden magst! Vergiss nicht die Gefahr, wie sicher du auch sein magst! Lebst du auch heute, so erwarte nicht das Leben morgen! Der Tod ist in der Nähe und droht uns jeden Augenblick.

Der selige Meister wies auf Folgendes hin: Die Leute der Welt sagen meistens: „Obgleich ich den Wunsch habe, den Weg zu studieren, so kann ich doch in der Ausübung, so wie es die buddhistische Lehre bestimmt, nicht durchhalten, weil die Welt auf dem Weg zum Untergang ist und die Menschen niederträchtig sind. Dadurch nun, dass ich mich nach meinen eigenen Kräften mit dem Leichten beschäftige und mit dem Buddhismus Verbindungen anknüpfe, hoffe ich, im nächsten Leben zur Erleuchtung zu gelangen.“ Nun, ich sage, diese Worte sind ganz falsch. Die Einteilung in die „drei Zeitalter“ des Buddhismus ist eine provisorische Maßnahme. Nicht alle Mönche zu Lebzeiten Buddhas waren überlegen. Darunter befanden sich auch kaum vorstellbare und selten tiefstehende und unbegabte. Dass Buddha also verschiedene Gebote und dergleichen aufstellte, geschah allein für die schlechten, unbegabten Menschen. Alle Menschen sind stark genug für den Buddhismus. Haltet euch nie für zu schwach darin! Wenn ihr die Lehre ausübt, könnt ihr bestimmt erleuchtet werden. Wenn ihr eine Seele habt, so könnt ihr schon Gut und Böse unterscheiden. Wenn ihr Hände und Füße habt, so mangelt es euch nicht an der Möglichkeit, eure Hände zum Gebet zusammenzulegen oder der Lehre entsprechend zu Fuß zu gehen. Also braucht ihr zur Ausübung der buddhistischen Lehre keine besonderen Anlagen. Jedes Menschenleben in dieser Welt ist befähigt, die buddhistische Lehre auszuüben. Anderes Leben, wie das der Tiere etwa, ist es nicht. Diejenigen, die den Weg studieren, sollen überhaupt nicht auf das Morgen warten. Nur heute, in diesem Augenblick, sollen sie der buddhistischen Lehre gemäß handeln.

Der selige Meister wies auf Folgendes hin: Ein allgemeiner Ausdruck lautet: „Wenn eine Festung fällt, so kommt das daher, dass ein Geflüster darin aufkommt.“ Weiter heißt es: „Wenn es in einer Familie Doppelzüngigkeit gibt, so ist sie nicht fähig, auch nur eine Nähnadel zu kaufen; wenn es diese Doppelzüngigkeit nicht gibt, so ist sie imstande, selbst Gold zu kaufen.“ Sogar die Laien sagen also: Wenn sie sowohl bei der Erhaltung ihrer Familien als auch bei der Verteidigung ihrer Festungen nicht einträchtig sind, dann gehen ihre Familien und ihre Festungen schließlich zugrunde. Besonders sollen die Mönche bei einem Meister studieren und in solcher Weise einig sein, d. h. wie Wasser und Milch sich mischen. Es gibt sechs Formen der Eintracht und Verehrung. Keiner von ihnen darf eine eigene Wohnung haben, sich von anderen trennen und nach seiner privaten

Meinung die Art und Weise bestimmen für das Studium des Weges. Sie sollen, ähnlich wie man in einem Schiffe über See fährt, einträchtig miteinander zusammen handeln, ihre Versehen gegeneinander wieder gutmachen und der rechten Wahrheit gemäß den Weg zusammen studieren. Dies ist die unbedingt bindende Form unserer Praxis seit den Zeiten Buddhas.

Der selige Meister wies auf Folgendes hin: Derjenige, der den Weg studiert, darf nicht für sich selbst, sondern nur für den Buddhismus den Buddhismus studieren. Das heißt, dass man seinen Geist und Körper restlos wegwerfen soll, um ihn dem Meer des Buddhismus zuzuwenden. Ferner soll man überhaupt nicht recht und unrecht unterscheiden, ja nie daran denken und sogar das, was schwer zu tun und zu ertragen ist, soll man im Dienst am Buddhismus tapfer durchführen. Sogar das, was man durchaus zu tun willens ist, sollte man unbedingt aufgeben, wenn es zu keiner buddhistischen Wahrheit gehört. Hoffe auf keinen Lohn, d. h. keinen Ersatz für die Leistungen bei der buddhistischen Ausübung. Wenn man einmal schon alles dem Buddhismus zugewendet hat, so soll man, ohne auf sich selbst wieder zurückzublicken, den buddhistischen Geboten gemäß weiter handeln und nicht eigennützig sein. Solches haben alle buddhistischen Vorgänger praktisch bewiesen. Wenn man in seinem Innern nichts begehrt, so empfindet man große Befriedigung. Auch diejenigen Leute der Welt, die nie mit anderen verkehren und ganz abgeschlossen aufwachsen, handeln willkürlich, bevorzugen ihren eigenen Sinn und haben kein Mitleid und Mitgefühl mit anderen. Sie sind fraglos schlecht. So steht es auch mit der geistigen Grundlage für das Studium des Weges. Wenn man mit den Mönchen zusammenlebt, dem Meister folgt, ohne auf seiner eigenen Meinung zu bestehen, und seine persönlichen Ansichten immer mehr verbessert, kann man leicht ein Frommer werden. Beim Studium des Weges soll man zunächst Armut lernen. Wenn man Ruhm und Reichtum aufgibt und ohne sich zu schmeicheln alles abwirft, so wird man sicherlich ein guter, frommer Mensch. Diejenigen, die im Großreich China als hervorragende Mönche bekannt waren, waren alle arme Menschen. Ihre Kleider waren abgetragen, und alles, was sie zum Leben brauchten, war knapp. Früher war ein Mann namens Donyo der Ältere Schriftführer in Tendos Kloster, der Sohn eines hohen Beamten, eines Kanzlers. Weil er sich trotzdem von seiner Verwandtschaft fernhielt und keinen weltlichen Reichtum begehrte, kam seine Tugendhaftigkeit ans Licht, bis er endlich eben Schriftführer in dem berühmten und großen Kloster wurde, obwohl sein Kleid so zerrissen und abgetragen war, dass man es kaum noch mit ansehen konnte. Ich fragte einmal diesen Älteren; „Verehrter Priester, Ihr seid Sohn eines hohen Beamten und stammt aus reichem, adligem Geschlecht. Warum sind all die Sachen, die Ihr gebraucht, von geringer Qualität und armselig?" Donyo der Ältere antwortete: „Weil ich Mönch bin."

Der selige Meister wies auf Folgendes hin: Der Mönch darf sich auf keinen Fall über Almosen von anderen freuen oder sie nicht annehmen. Der verstorbene Sojo (Eisai) sagte: „Es ist gegen die buddhistischen Gebote, wenn man sich an den Gaben anderer erfreut; sich aber nicht zu freuen, ist unfreundlich den Gönnern des Tempels gegenüber." Die richtige Denkweise darüber ist folgende: Die Almosen sind nicht dir, sondern den „drei Schätzen" (Buddha, Dharma, Sangha) dargebracht. Daher soll man als Antwort auf die Darbringung sagen: „Diese Almosen werden die ‚drei Schätze' wahrscheinlich annehmen."

Der selige Meister wies auf Folgendes hin: In alten Zeiten sagte man: „Die Kraft des tugendhaften Menschen ist der des Rindes überlegen, aber er streitet nicht mit dem Rinde." Der Studierende von heute soll nicht gern mit anderen streiten, auch wenn er sich an Weisheit, Talent und Gelehrsamkeit hervorragender als die anderen hält. Ferner tadle keinen mit böser Zunge, sieh keinen mit zornigen Augen an! Die meisten Menschen in der Gegenwart geben zwar anderen Geld und bezeigen ihnen ihre Gunst, doch lassen sie ihren Zorn aus und machen ihnen mit Schimpfworten Vorwürfe, weshalb sich die anderen bestimmt gegen sie empören. Vor langer Zeit wies der ehrenwerte Priester Shinjo Kokubon die Mönche auf Folgendes hin: „Als wir, Seppo und ich, einander Treue geschworen hatten und den buddhistischen Weg studierten, diskutierte ich mit ihm über die buddhistische Lehre, und in der Versammlung der Mönche erörterten wir zusammen laut diese Fragen, bis wir uns alle einander beschimpften und zankten. Nach dem Ende der Debatte sagte Seppo zu mir: ‚Du und ich sind gleichgesinnte Studiengenossen. Wir haben einander von Herzen Treue geschworen. Warum bist du bei meinem Streit mit den andern nicht dazwischen gekommen?' Darauf konnte ich nichts als mich vor ihm zu beugen und mir klein vorzukommen. Inzwischen wurde er ein weiser Priester irgendwo und auch ich bin jetzt Hauptpriester. Schon damals dachte ich, dass die Debatte Seppos im Grunde nutzlos sei, und zwar dass jede Diskussion unbedingt etwas Falsches sei, was keinen Nutzen bringt. Weil ich solcher Meinung war, tat ich nichts als zu schweigen ..." Der Studierende von heute soll auch darüber nachdenken. Wenn er den Willen hat, den Weg zu studieren und sich darum zu bemühen, lasse er keine Minute unbenutzt für dieses Studium. Wie könnte er Zeit, haben, mit anderen zu streiten, was letzten Endes für die beiden doch nutzlos ist? Gilt das sogar für die buddhistische Lehre, um wie viel mehr für die weltlichen Angelegenheiten, über die man keinesfalls nutzlosen Streit haben darf.

Die geistige Kraft des tugendhaften Menschen ist der des Rindes überlegen, aber jener streitet nicht mit diesem. Wenn man auch glaubt, dass man in der buddhistischen Lehre Bescheid weiß und jemandem überlegen ist, so darf man doch nicht mit demselben diskutieren, ihn tadeln und ihm Vorwürfe machen. Fragt euch ein wahrer Studierender des Weges über die Lehre, so seid mit der Lehre nicht karg! Ihr sollt sie ihm offenbaren. Doch auch dabei sollt ihr auf drei von seinen Fragen nur einmal antworten, und zwar nie mit vielen unnötigen Worten. Als ich, der ich auch diesen Fehler hatte, diese Worte Shinjos gehört hatte, glaubte ich, dass sie mich ermahnen. Also habe ich seither nie mit anderen über die buddhistische Lehre gestritten.

Der selige Meister wies auf Folgendes hin: Die Alten sagen meistens: „Man darf nicht müßig gehen." Und weiter sagen sie: „Verbringe keinen Augenblick ungenutzt!" Darum muss der Studierende des Weges jede Minute nutzen. Unser kümmerliches Dasein vergeht so leicht. Schnell fliegt die Zeit dahin. Solange das kurze Leben dauert, soll man sich nicht mit anderen Angelegenheiten beschäftigen, sondern unbedingt den Weg studieren. Leute der Gegenwart sagen bald, dass sie der Liebe zu den Eltern nicht entsagen können, bald, dass sie dem Befehl des Königs nicht zuwiderhandeln dürfen, bald, dass sie ihre Frau, ihre Kinder und ihre Verwandten nicht verlassen können, bald, dass sie zu arm sind, um die Habseligkeiten für die Einsiedelei vorzubereiten, bald, dass sie allzu unbegabt sind, sich dem Studium des Weges zu widmen. Sofern sie so gesonnen sind, d. h. den König und die Eltern nicht verlassen können, ihre Frau und ihre Kinder nicht im Stich zu lassen vermögen und in weltlicher Gesinnung Reichtum begehren, bringen sie ihr Leben müßig hin, und besonders in der Todesstunde werden sie es bereuen. Ihr solltet still hocken, über die Wahrheit nachsinnen und eilig den Entschluss fassen, *Bodhi* zu erlangen. Weder König noch Eltern sind imstande, uns die Erleuchtung zu gewähren, weder Frau noch Kinder noch Verwandte können uns aus der Qual heraushelfen, weder der Reichtum kann unsere Seelenwanderung durch Geburt und Tod abschaffen, noch die Leute der Welt können uns retten. Wenn ihr euch für unbegabt haltet und nicht die buddhistische Lehre ausübt, wann werdet ihr dann erleuchtet? Ihr sollt schlechthin alles abwerfen und von ganzer Seele den Weg studieren. Wartet nicht auf die Zukunft!

Eines Tages fragte Ejo den seligen Meister: „Wie soll man sich beim buddhistischen Studium im Kloster verhalten?"

Da wies der selige Meister auf Folgendes hin: Man soll ausschließlich Zazen üben. Ob man oben oder unten in einem Gebäude ist: Man soll Zazen üben, ohne mit anderen zu verkehren und zu plaudern, und immer gern allein sitzen, Tauben und Stummen ähnlich.

Der selige Meister wies auf Folgendes hin: Als mein verstorbener Meister, der ehrenwerte Priester Myozen, sich nach China begeben wollte, wurde sein Hauptmeister Myoyu Achari auf dem Berge Hiei bedenklich krank, lag fest zu Bett und wollte schon sterben. Da sagte dieser Meister: „Ich bin schon so altersschwach, dass ich bald sterben werde. Du solltest jetzt für eine Weile die Reise nach China verschieben, mich in meiner Altersschwäche pflegen, für mein Seelenheil beten und erst nach meinem Tod deine ursprüngliche Absicht ausführen." Darauf versammelte der verstorbene Meister Myozen seine Schüler und Mitpriester, um sich mit ihnen zu beraten, und sagte: „Seit ich als Kind mein Elternhaus verließ, wurde ich von diesem Meister aufgezogen und bin unter seinen Augen aufgewachsen. So bin ich ihm für seine Erziehung vor allem verpflichtet. Und noch mehr: dass ich die unweltliche Lehre verstand, d. h. die Lehrsätze des Mahayana- und Hinayana-Buddhismus, der vorläufigen und der eigentlichen Lehre und das Kausalgesetz, dass ich den Unterschied von Recht und Unrecht begriff, meinen Kameraden überlegen wurde und Ruhm gewann, dass ich außerdem die Wahrheit der buddhistischen Lehre erkannte und jetzt den Wunsch bekam, mich nach China zu begeben, um dort die buddhistische Wahrheit weiter zu suchen. Dies alles ist ganz der Wohltätigkeit dieses Meisters zu danken. Nun ist er altersschwach und liegt sehwerkrank zu Bett. Seine Tage sind gezählt. Wer weiß, ob wir uns wiedersehen. Deshalb rät er mir jetzt eifrig von der Reise ab. Ich kann nur schwer seinem Befehl zuwider handeln. Wenn ich mich jedoch diesmal ohne Rücksicht auf mein Leben zum Suchen der buddhistischen Wahrheit nach China begebe, hat das den Zweck, dass ich ein Bodhisattva werde und so den Menschen erbarmungsvoll Gnade spende. Ist es vernünftig oder nicht, gegen den Befehl des Meisters nach China zu fahren? Jeder von euch möge seine Meinung äußern!" Darauf sagten alle Schüler: „Ihr sollt auf Euren Besuch Chinas in diesem Jahr verzichten. Die Altersschwäche des Meisters hat schon ihren Höhepunkt erreicht. Er stirbt bestimmt. Wenn Ihr nur in diesem Jahr hier bleibt und Euch im nächsten Jahr nach China begebt, handelt Ihr nicht gegen den Befehl des Meisters und seid für seine große Güte nicht undankbar. Was macht es für Euch aus, auch wenn Ihr jetzt für ein oder ein halbes Jahr den Besuch in China verschiebt? Dann ist es dem eigentlichen Willen des Meisters und auch Euch nicht zuwider und Euer ursprünglicher Wunsch, China zu besuchen, wird auch erfüllt." Dabei sagte ich, der ich den untersten Platz hatte: „Glaubt Ihr jetzt nach der buddhistischen Lehre etwa irgendwie erleuchtet zu sein, dann solltet Ihr bleiben." Der verstorbene Meister sagte: „Jawohl, ich glaube, so zu handeln wäre ein Leben der buddhistischen Lehre gemäß. Wenn ich immer so lebe, so hieße das – meine ich – sich über die Welt hinwegzusetzen und die buddhistische Erkenntnis zu erreichen." Ich sagte: „Wenn Ihr so denkt, solltet Ihr bleiben." Nachdem nun jeder also seine Meinung geäußert hatte, sagte der verstorbene Meister: „Jeder ohne Ausnahme berät mich, dass ich bleiben sollte. Meine Meinung ist aber anders. Ob ich schon diesmal bliebe, könnte er, der bestimmt sterben muss, dadurch sein Leben nicht behalten. Auch dadurch, dass ich bleibe, ihn pflege und unterstütze, könnte sein Leiden nicht beseitigt werden. Selbst dadurch, dass ich ihm in seiner letzten Stunde eine Predigt halte, ist es ihm nicht möglich, sich über Leben und Tod zu erheben. Ich könnte ihn allein trösten, dem Befehl des Meisters gemäß. Dies alles aber wäre eben für die Hinwegsetzung über die Welt und die Erreichung der buddhistischen Erkenntnis völlig nutzlos. Hindert er irrtümlicherweise meinen Wünsch, die buddhistische Wahrheit zu suchen, so wird es für ihn ein Anlass zur Sünde. Erfülle ich dagegen meinen Wunsch, nach China zu gehen, um die buddhistische Wahrheit zu suchen, und werde ich dadurch ein Stück weiter erleuchtet, dann wird es, wenn auch gegen die irrende Gesinnung eines irdischen Menschen, eine Ursache dafür werden, dass viele zur Erleuchtung gelangen. Wenn dieses fromme Handeln von mir gut ist, so könnte ich damit dem Meister seine Wohltaten vergelten. Gesetzt, dass ich auf der Seereise sterbe und meine eigentliche Absicht nicht erreiche, müsste mein religiöser Wunsch durch viele Wiedergeburten weiterleben, weil ich mit dem Willen sterbe, die buddhistische Wahrheit zu suchen.

Erinnert euch der Taten von Genjo, dem *Tripitaka*[49]-Meister. Es entspricht nicht dem Willen Buddhas, dass ich für einen Menschen meine vergängliche Zeit müßig hinbringe. Infolgedessen habe ich mich unumstößlich entschlossen, diesmal China zu besuchen." So sprach er und begab sich schließlich nach China. Für den verstorbenen Meister lag in solchem Denken die wahre Frömmigkeit. Die Studierenden von heute dürfen somit nicht den Buddhismus, der allen anderen Lehren überlegen ist, beiseitelassen und müßig ihre Zeit hinbringen, indem sie bald für ihre Eltern, bald für ihre Meister Nutzloses tun und untätig ihre Zeit verlieren.

Darauf fragte Ejo noch: „Es ist richtig, wie Ihr sagt, dass wir zum rechten Suchen der buddhistischen Wahrheit die hindernden Beziehungen der Güte und Liebe unserer weltlichen Eltern und Meister rücksichtslos abwerfen sollen. Aber selbst wenn wir der Güte und Liebe unserer Eltern und Meister unsererseits rücksichtslos entsagen, sollten wir dann nicht den Altruismus dem Eigennutz vorziehen, falls wir das Handeln der Bodhisattvas fortsetzen wollen? Wenn Myozen trotzdem nur an seine eigenen Übungen denkt und dem alten Meister nicht helft, der jetzt schwer krank ist und dem kein anderer Hilfe leistet, ungeachtet dessen, dass es für ihn, seinen Unterstützer, ein Glück sein müsste, und er außerdem allein verpflichtet ist, dem Meister zu helfen, so wäre das ziemlich gegen die Norm für das Handeln eines Bodhisattva. Man darf sich auch um die

---

[49] Der dreiteilige Palikanon der Buddhisten, bestehend aus Sutren, Abhandlungen *(shastra)* und dem Moralkodex für Ordinierte *(vinaya)*.

gute Tat eines Bodhisattva nicht drücken. Man sollte den Beziehungen gemäß und den Umständen nach die buddhistische Lehre ausüben. Sollte er von diesem Standpunkt aus nicht doch lieber bleiben, um dem Meister zu helfen? Warum verlangt es ihn, nur nach der buddhistischen Wahrheit zu suchen, statt dem altersschwachen Meister Beistand zu leisten?"

Da wies der selige Meister auf Folgendes hin: Es gilt als gute Tat eines Bodhisattva, wenn man, gleich ob man altruistisch oder im eigenen Interesse handelt, das, was von größerem Wert ist, dem, was von geringerem Wert ist, vorzieht. Bei seiner Armut seine Kindespflichten erfüllen, um die Altersschwäche seiner Eltern zu pflegen, ist nur eine vorläufige Freude der blinden Liebe und des irrenden Gefühls in diesem Leben. Studiert man jedoch dem irdischen irrenden Gefühl zuwider den überirdischen Weg, so wird das zu einem wirksamen Anlass für den Seelenfrieden des Betreffenden werden.

Eines Tages wies der selige Meister auf Folgendes hin: Die meisten Leute in der Welt sagen: „Ich habe die Worte eines gewissen Meisters gehört, aber sie entsprechen nicht meiner Meinung." Solches Denken ist ganz unrichtig. Ich weiß nicht, was sie meinen. Weil die Wahrheit, die die heiligen Schriften u. a. offenbaren, ihrer Meinung zuwider ist, lehnen sie sie ab? Das ist ganz töricht. Oder sind die Worte, die der Meister ausdrückte, ihren Ansichten nicht gemäß? Warum fragen sie denn dann überhaupt den Meister? Sagen sie es also nur ihrer alltäglichen gefühlsmäßigen Meinung nach? Wenn es so ist, dann handelt es sich um das irrige Denken seit Ewigkeit. Die geistige Methode für das Studium des Weges heißt: Auch wenn die Worte des Meisters den eigenen Ansichten nicht entsprechen, soll man ihnen doch unbedingt folgen und seine eigenen Ansichten fortwährend verbessern; denn die Worte des Meisters sind die ausgesprochene Wahrheit der heiligen buddhistischen Schriften. Solche Gesinnung ist die wichtigste geistige Voraussetzung für das Studium des Weges.

Ich glaube, Krankheit richtet sich nach dem Geisteszustand. Wenn man in der Welt einem Menschen, der Schlucken hat, vorlügt, dass er wegen irgendeiner Sache um Entschuldigung zu bitten hat, so wird ihm das leidtun. Und wenn er dann um Verzeihung bitten will, kommt ihm der Schluckauf aus dem Sinn und hört auf. Ich habe auch früher auf der Seereise nach China im Schiffe am Durchfall gelitten. Als aber dabei ein Sturm sich erhob und im Schiffe großer Lärm begann, vergaß ich meine Krankheit und sie war geheilt. Daraus glaube ich Folgendes schließen zu können: Wenn man so eifrig studiert und strebt, dass man darüber alles andere vergisst, kann eine Krankheit gar nicht ausbrechen.

Der selige Meister wies auf Folgendes hin: Spare keine Nahrung und Kleidung für die Zukunft auf! Wenn wir so weit kommen, keine Speise und kein Herdfeuer mehr zu haben, dann wollen wir erst um Almosen betteln. Schon wenn wir planen, einen bestimmten Menschen um etwas zu bitten, so bedeutet eben auch das, irgendwelche Sachen aufzusparen. Und ein solches Leben ist ein Leben, das den buddhistischen Ess-Geboten zuwider ist. Gerade derjenige wird ein buddhistischer Geistlicher genannt, der als Mönch genau wie die Wolken keine ständige Niederlassung hat, der wie Wasser fließt und bei niemandem Schutz sucht. Selbst wenn man nichts besitzt als das Mönchskleid und den Bettelnapf: Falls man auch nur einen einzigen Gönner oder einige von seinen Verwandten um etwas bittet, so wird man selbst und andere gleich gebunden, und auf solche Weise zu leben bedeutet unreine Nahrung. Wie eifrig man auch nach Erfassung der reinen großartigen Lehren der Buddhas streben mag, so kann es doch niemandem gelingen, der seinen Körper und Geist mit solchem unreinen Essen ernährt. Ähnlich wie etwa ein mit Indigo gefärbtes Ding tiefblau, ein mit *kihada* (Korkbaum) gefärbtes Ding gelb ist, so wäre der Körper und Geist, der mit dem gebotwidrigen Essen gefärbt ist, eben im Ganzen auch eine gebotwidrige Person. Mit solchem Körper und Geist die buddhistische Lehre erfassen zu wollen, ist etwa ebenso, wie wenn man durch Zusammendrücken von Sand Öl bekommen will. Auf alle Fälle soll man bei allen Dingen so verfahren, wie es der buddhistischen Wahrheit entspricht. Es ist dieser völlig zuwider, im Voraus für dies und jenes zu sorgen und etwas aufzusparen. Darüber soll man sehr ernst nachsinnen.

Der selige Meister wies auf Folgendes hin: Jeder Studierende soll dieses wissen: Alle Menschen haben große Fehler. Davon ist Hochmut der größte. In allen buddhistischen und nicht-buddhistischen Schriften wird davor in gleicher Weise gewarnt. In einer nicht-buddhistischen Schrift steht geschrieben: „Wohl gibt es welche, die arm sind und dennoch nicht schmeicheln, aber es gibt keinen, der reich und nicht hochmütig ist." Das will besagen, dass man seinen Reichtum einschränken und sich nicht überheben soll. Dies ist das Wichtigste. Darüber denkt genau nach! Es ist sehr hochmütig, wenn man niedriggeboren dennoch vornehmen Personen gleichkommen und anderen Menschen überlegen sein will. Solche Niedriggeborene lassen sich jedoch leicht warnen. Andererseits sind diejenigen im weltlichen Leben, die großen Reichtum und Anteil am Glück haben, von den Ihrigen umgeben und werden von anderen mit Nachsicht behandelt, was sie dann aber für ihrer würdig halten und sich erheben. Deswegen werden die Niedrigen neben ihnen, wenn sie sie betrachten, auf sie neidisch sein und sich doppelt jämmerlich fühlen. Wie sehr sollten darum die Reichen und Adligen darauf achten, dass sie andere nicht betrüben. Solche Reichen lassen sich nur schwer warnen und sie selber können nicht besonnen sein. Auch wenn sie nicht hochmütig gesinnt sind, wenn sie nur handeln, wie sie wollen, so werden sie die anderen in ihrer Umgebung doch darum beneiden und sich grämen. Darin sehr achtsam sein heißt auf den Hochmut achten.

Man nennt es eine hochmütige Gesinnung, wenn man seinen Reichtum so sammelt, wie das Glück ihn schenkt, ohne Rücksicht darauf, ob man von den Armen und Niedrigen gesehen und beneidet wird. In einer nicht-buddhistischen Schrift steht geschrieben: „Fahre nicht vor ein armes Haus mit einem Wagen! Auch wenn man also an sich mit dem zinnoberroten Wagen fahren könnte, so soll man es vor den Häusern der Armen vermeiden …“ Buddhistische Schriften lehren das Gleiche. Trotzdem wollen die Studierenden und Priester heute an Weisheit und Bewandertheit in der buddhistischen Lehre anderen überlegen sein. Sie dürfen deswegen nie hochmütig sein. Von den Fehlern desjenigen zu sprechen, der einem selbst nachsteht, oder Fehler bei Vorgängern, Kameraden u. a. zu finden, davon zu sprechen und sie ihnen vorzuwerfen – dies ist der größte Hochmut.

Ein Alter sagte: „Wohl darfst du von einem Weisen besiegt werden, aber bei einem Dummkopf darfst du nicht siegen.“ Auch wenn ein anderer das mangelhaft versteht, was man gut begreift, ist es dennoch unrichtig, von dem Fehler des anderen zu sprechen. Wenn von der buddhistischen Lehre die Rede ist, so darf man nicht Vorgänger und Ältere tadeln, und wenn die Dummköpfe neidisch und eifersüchtig sind, dann soll man darüber tief nachdenken. Als ich im Kenninji wohnte, fragte man mich oft über die buddhistische Lehre und dergleichen. In diesen Fragen gab es zwar Irrtümer und Fehler, aber ich habe, erfüllt mit diesem oben genannten Gedanken, nichts anderes getan als von der Vortrefflichkeit der buddhistischen Lehre selbst zu sprechen, ohne die Fehler anderer hervorzuheben. Hartnäckige Dummköpfe werden sicherlich darüber zornig, dass man die Fehler der älteren Tugendhaften hervorhebt. Wahre Weise dagegen, wenn sie die buddhistische Wahrheit erkannt haben, bemerken ihre eigenen Mängel und auch die ihrer tugendhaften Vorgänger und bessern sich, obwohl sie von anderen nicht darauf aufmerksam gemacht werden. Über solches und ähnliches sinne ordentlich nach!

Der selige Meister wies auf Folgendes hin: Das Wichtigste beim Studium des buddhistischen Weges ist vor allem Zazen. Die Erleuchtung der meisten Menschen in Groß-China war immer dem Zazen zu verdanken. Übt man ausschließlich Zazen, auch von Seiten der Talentlosen und der Dummköpfe, die kein einziges Zeichen kennen, so kann man dank der Zazen-Übung den Scharfsinnigen, die schon viele Jahre studieren, überlegen sein. Die Studierenden sollen daher ausschließlich Zazen üben und sich um nichts anderes kümmern. Der Weg, den Buddha und die buddhistischen Glaubensväter betreten hatten, ist einzig und allein Zazen. Nichts anderes kann diesem gleichkommen.

Da fragte Ejo den seligen Meister: „Wenn wir bald Zazen üben und bald buddhistische Texte studieren, kommt es beim Lesen der *Goroku* oder der Koan vor, dass wir eins von hundert oder eins von tausend etwa verstehen können. Aber bei der Zazen-Übung haben wir selbst solch eine Wirkung nicht. Sollen wir trotzdem noch das Zazen lieb haben?"

Der selige Meister antwortete: Wenn euch auch beim Lesen der Koan etwas klar wird, so ist es doch ein Anlass, euch von dem Weg Buddhas und der buddhistischen Glaubensväter zu entfernen. Ohne Gewinn und Erkenntnis ordentlich zu sitzen und so die Zeit zu verbringen: Das eben ist der Weg der buddhistischen Glaubensväter. Auch die Alten förderten bald das Lesen der Koan, bald die ausschließliche Zazen-Übung, doch hauptsächlich die letztere. Es gab wohl auch solche, die durch Koan zur Erleuchtung gelangt sind, aber die Ursache dafür liegt im Sitzen. Die eigentliche Erleuchtung ist nur durch das Sitzen zu erwarten.

Bei einer Plauderei wies der selige Meister auf Folgendes hin: Diejenigen, die den Weg studieren, dürfen sich nicht um Nahrung und Kleidung kümmern. Obwohl dieses Land abgelegen und klein ist, so hat es sich doch sowohl früher als auch jetzt wegen der beiden Lehren, der ausdrückenden und der geheimen, einen Namen gemacht. Es gibt viele, die erst späteren Zeiten, und viele, die schon ihren Zeitgenossen bekannt sind, auch viele, die etwa in Dichtung und Musik einen Ruf haben, oder in literarischen und kriegerischen Künsten oder Wissenschaften talentiert sind und an solchen Fächern Gefallen haben. Ich habe aber nie gehört, dass solche Menschen an Nahrung und Kleidung reich wären. Sie alle werden deshalb bekannt, weil sie die Armut ertragen, alles andere vergessen und ausschließlich ihre Spezialgebiete lieben. Wie viel weniger könnten diejenigen, die die Lehre eines Sektenstifters studieren, reich sein? Haben sie doch die weltliche Beschäftigung aufgegeben und suchen überhaupt keine Ehre und keinen Reichtum. In den Zen-Klöstern im Großreich China sind zehn Millionen, die den Weg studieren, wenn auch jetzt die Zeit auf dem Wege zum Untergang ist. Darunter sind die einen aus ihrer Heimat, die anderen aus anderen fernen Gegenden gekommen. Die meisten von ihnen sind arm. Allein sie sind nicht um ihre Armut, sondern nur darum bekümmert, dass sie noch nicht erleuchtet sind. Und so üben sie von ganzer Seele die buddhistische Lehre aus, indem sie bald oben, bald unten in einem hohen Gebäude Zazen üben, und zwar so intensiv, als ob sie um ihre Eltern trauerten.

Folgendes habe ich mit meinen eigenen Augen gesehen: Ein Mönch aus Shisen besaß nichts, weil er von fern gekommen war. Er hatte nur ein paar Stück Tusche. Die kosteten zwei bis dreihundert *mon*[50], was etwa zwanzig oder dreißig *mon* in unserem. Land entspricht. Damit kaufte er minderwertiges, sehr schwaches chinesisches Papier, ließ sich davon ein wattiertes Gewand bzw. Hosen machen und zog sie an. Das aber knisterte und krachte bei jeder Bewegung, was recht unschicklich war. Doch er war dagegen gleichgültig und unbekümmert. Einer sagte: „Du solltest in deine Heimat zurückkehren, und dir eigene Geräte und Kleider verschaffen.“ Er aber antwortete: „Meine Heimat ist weit. Ich fürchte mich davor, meine Zeit für das Studium des Weges dadurch zu verlieren, dass ich sie für eine Reise verschwende.“ Also studierte er ohne Rücksicht auf die Kälte immer eifriger den Weg. Dieses Beispiel erklärt, warum in diesem großen Land hervorragende Menschen erscheinen.

---

50 Kleinste Geldeinheit im alten China und Japan.

Weiter sprach der selige Meister: Die geistige Methode für das Studium des Weges ist einzig das Abwerfen der bisherigen Neigungen. Verbessert man in erster Linie sein körperliches Benehmen, so wird damit auch der Geist verändert. Wenn man zuallererst die Mönchszucht übt und die Gebote befolgt, dann wird damit auch der Geist verändert werden. Es ist ein üblicher Brauch der Laien in China, sich zur Erfüllung der Kindespflichten bei der Grabstätte ihrer Ahnen zu versammeln. Dabei tun sie so, also ob sie weinten, um am Ende tatsächlich zu weinen. Wenn auch diejenigen, die den Weg studieren, selbst wenn sie am Anfang keine Frömmigkeit haben, nur den Mut haben, den Buddhismus gern zu studieren, so muss in ihnen schließlich die wahre Frömmigkeit entstehen. Die unreifen Studierenden des Weges sollen nur all den anderen Mönchen folgen und die buddhistische Lehre ausüben. Sie brauchen sich nicht zu eilen, die geistige Methode und das Prinzip des buddhistischen Studiums zu lernen und darum zu wissen. Es ist zwar gut, dass man die geistige Methode und das Prinzip des buddhistischen Studiums fehlerlos und genau kennt, wo man allein im Gebirge oder zurückgezogen in der Stadt die Lehre ausüben will. Aber wenn man sie mit all den anderen Mönchen ausübt, so wird man auch den Weg erfassen. Ähnlich wie man etwa bei der Schifffahrt – einerlei, ob man das Rudern versteht oder nicht – das gegenüberliegende Ufer erreichen kann, wenn man sich dem geschickten Schiffer anvertraut. Folgt man also einem weisen Priester und übt mit den Mönchen zusammen selbstlos die buddhistische Lehre aus, dann kann man ganz von selbst ein Frommer werden. Auch wenn die Studierenden des Weges zur Erleuchtung gelangt sind, so sollen sie es doch nicht für die Vollendung des buddhistischen Studiums halten und dies aufgeben. Der Weg ist unendlich, sie sollen ihn noch weiter ausüben, selbst wenn sie erleuchtet worden sind.

Der selige Meister wies auf Folgendes hin: Das Handeln der frommem Menschen, ob es gut, ob es böse sei, kommt immer von ihren Absichten her, von denen die Alltagsmenschen keine Ahnung haben können. Eines Tages vor langer Zeit hat Genshin[51] einen Hirsch, der im Garten Gras fraß, wegscheuchen lassen. Da fragte ihn einer: „Ihr scheint unbarmherzig zu sein, Meister! Kargt Ihr mit dem Gras und quält das Tier?" Genshin sagte: „Keineswegs. Wenn ich ihn aber nicht wegscheuchen ließe, so würde dieser Hirsch sich schließlich an Menschen gewöhnen und sicher getötet werden, sobald er sich bösen Menschen näherte. Aus diesem Grunde lasse ich ihn wegscheuchen." Obwohl es unbarmherzig scheint, dass er diesen Hirsch wegscheuchen ließ, so ist er doch im Innern sehr barmherzig. So also liegt der Fall.

Der selige Meister wies auf Folgendes hin: Der Studierende des buddhistischen Weges darf nicht auf die Zukunft warten zur Ausübung des Weges. Stattdessen soll er sich jeden Tag und jede Stunde anstrengen, ohne das Heute und Jetzt zu verlieren. Ein Laie, der lange krank war, hat mir im vorigen Frühling geschworen: „Wenn ich von meiner jetzigen Krankheit geheilt werde, so will ich bestimmt meine Frau und Kinder verlassen, mir eine Einsiedelei beim Kloster bauen, beim *fusatu*[52] zweimal in einem Monat anwesend sein, jeden Tag die Ausübung sehen und die Predigt der buddhistischen Lehre hören, die buddhistischen Gebote nach Möglichkeit befolgen und derart mein Leben führen." Auf Grund verschiedener Behandlung ging es ihm später etwas besser. Indessen bekam er einen Rückfall, und so brachte er seine Zeit umsonst hin. Seit dem Januar dieses Jahres wurde er plötzlich schwer krank, und weil der Schmerz ihn immer mehr peinigte, hatte er keine Zeit, die längst vorbereiteten Geräte in seine Einsiedelei zu bringen und diese fertigzumachen. Er hatte sich darum vorerst einer anderen Einsiedelei geliehen und darin gewohnt. Indessen starb er innerhalb von nur ein, zwei Monaten. Er, der am Abend vor seinem Todestag den Eid auf die buddhistischen Gebote

51 Auch Eshin Sozu genannt (942-1017), ein Tendai-Priester, der mit seinem *Ojoyoshu* den Grundstein für die Reines-Land-Schule legte.
52 Skt. *uposatha*, regelmäßige Mönchstreffen gemäß des Mondmonats, bei denen die Mönche ihre Gelübde rezitieren und Übertretungen beichten und bereuen.

für Bodhisattva leistete, sich den drei Schätzen hingab und ruhig in seiner Todesstunde hinschied, ist wohl vergleichsweise besser als ein Laie, der sich ungern von der Güte und Liebe seiner Frau und Kinder trennt und tobend stirbt. Es wäre aber noch besser gewesen, glaube ich, wenn er seine Familie verlassen, sich dem Kloster genähert, mit den Mönchen vertraut geworden wäre und bis zum Ende seines Lebens den buddhistischen Weg betreten hätte. Wenn ich daran denke, so dünkt mir, dass man in der Ausübung der buddhistischen Lehre auf die Zukunft nicht warten darf. Es beruht auf Unfrömmigkeit, wenn man, weil man jetzt krank ist, erst nach seiner Genesung die Lehre ausüben will.

Wer, dessen Körper aus den vier Elementen zusammengesetzt ist, kann ohne Krankheit sein? Die Alten waren nicht immer kerngesund, doch übten sie die Lehre aus und vergaßen alles andere, wenn sie nur erst einmal den Entschluss dazu gefasst hatten. Man pflegt immer das Kleine zu vergessen, wenn das Große über einen herfällt. Wenn man den Wunsch hat, den Buddhismus sein ganzes Leben lang zu erforschen, weil er etwas Großes ist, soll man keinen Tag und keine Stunde ungenutzt verbringen. Die Alten sagen: „Man darf nicht müßig gehen …" Wenn man sich trotz eifriger Behandlung von seiner Krankheit nicht erholt, sondern im Gegenteil noch schwerer erkrankt und von Schmerzen immer mehr gepeinigt wird, so soll man danach trachten, während der leichteren Schmerzen die Lehre ausüben zu wollen. Empfindet man schweren Schmerz, dann soll man denken, dass man die Lehre ausüben muss, bevor er noch schwerer wird. Und falls er ganz schwer wird, so soll inan denken, dass man noch vor seinem Tode die Lehre ausüben muss. Behandelt man die Krankheiten, werden die einen besser, die anderen schwerer. Ferner gibt es auch solche, die ohne Behandlung besser werden, und solche, die trotz der Behandlung schlimmer werden. Man muss diese sorgfältig unterscheiden. Die Ausübenden der buddhistischen Lehre dürfen nicht erst nach der Vorbereitung ihrer Wohnung und dergleichen, nach der Anschaffung von Mönchskleid und Bettelnapf und dergleichen den buddhistischen Weg betreten wollen. Was sollen die Armseligen machen, wenn die Todesstunde allmählich näher kommt, während sie, denen es an Mönchskleid, Bettelnapf und Gerät für die Ausübung mangelt, darauf warten, dass sie diese bekommen? Wollen sie daher erst nach der Vollendung ihrer Wohnung, nach der Anschaffung von Mönchskleid und Bettelnapf den Weg betreten, so werden sie ihr ganzes Leben müßig führen. Auch wenn sie nichts von alledem besitzen, sollen sie getrost die Lehre ausüben in dem Gedanken, dass auch Laien ja den buddhistischen Weg betreten können. Soll doch Mönchskleid, Bettelnapf und dergleichen nur eine Art Putz für die Geistlichen sein.

Die wahren Ausübenden der buddhistischen Lehre sind davon nicht abhängig, aber wenn jene Sachen zu ihnen herankommen, so sollen sie sie kommen lassen. Doch sie dürfen weder absichtlich danach suchen, noch nicht besitzen wollen, was sie besitzen können. Was die Krankheit anlangt, so ist es auch eine außerbuddhistische Ansicht, die Krankheit, die man heilen könnte, nicht zu heilen und bewusst den Tod zu suchen. Für den Buddhismus darf man sein Leben weder sparen noch verschwenden. Es ist der Ausübung der buddhistischen Lehre nicht hinderlich, bei einer Erkrankung an einer Stelle mit Moxa zu brennen oder eine Art Aufguss und dergleichen zu benutzen. Es ist aber falsch, die Ausübung zu vernachlässigen, zuerst Krankheit heilen und danach erst wieder die Lehre ausüben zu wollen.

Der Meister sagte: Falls diejenigen, die den Weg studieren, ihren Meister besuchen und ihn über die Lehre fragen, sollen sie höchst aufmerksam und wiederholt fragen, um wirklich zu verstehen. Wenn sie nicht danach fragen, wonach sie fragen sollten, nicht davon sprechen, wovon sie sprechen sollten, so wird ihnen das sicherlich Nachteil bringen. Der Meister fängt immer nach einer Frage seiner Schüler an zu sprechen. Sie sollen darum öfters auch danach fragen, was sie schon verstanden haben, um es so endgültig zu erfassen. Der Meister soll seinerseits seine Schüler fragen, ob sie den Weg erfassen.

Der selige Meister wies auf Folgendes hin: Ein Sprichwort vom Prinzip der kaiserlichen Gerechtigkeit lautet: „Ohne Vorurteilslosigkeit kann der Kaiser keinem Rat folgen." Das bedeutet: Ohne persönliche Ansicht, den Worten des treuen Untertanen gemäß und der Wahrheit nach soll er kaiserliche Gerechtigkeit üben. Genau so ist auch die geistige Methode und das Prinzip für das Studium des buddhistischen Weges der Mönche. Die geringste persönliche Ansicht kann es hindern, dass die Worte des Meisters zu Herzen gehen. Gehen einem die Worte des Meisters nicht zu Herzen, so kann man seine Lehre nicht begreifen. Wenn man nicht nur seine persönliche Meinung vom Buddhismus, sondern auch weltliche Angelegenheiten, Hunger und Kälte und dergleichen vergisst und mit reinem Geist und Körper den Worten des Meisters aufs Aufmerksamste zuhört, so kann man ihren wahren Gehalt erfassen. Wenn man auf solche Weise hört, wird die Wahrheit ins rechte Lieht gesetzt, wie auch alle Zweifel zerstreut werden. Zum wahren frommen Menschen kann man dadurch werden, dass man seinen bisherigen Geist und Körper abwirft und sich schlechthin den anderen fügt, wodurch man dann auch zur wahren Erleuchtung gelangen kann. Dies ist das wichtigste Prinzip für das Studium des Buddhismus.